Karl Johann Greith

Die Bedrohung der gesetzlichen Ordnung in Kirche und Staat

durch die Press radikal-sozialisischer Richtung

Karl Johann Greith

Die Bedrohung der gesetzlichen Ordnung in Kirche und Staat
durch die Press radikal-sozialisischer Richtung

ISBN/EAN: 9783743668393

Hergestellt in Europa, USA, Kanada, Australien, Japan

Cover: Foto ©Suzi / pixelio.de

Weitere Bücher finden Sie auf **www.hansebooks.com**

Katholische Stimmen

aus der

Schweiz.

———

VII. Heft.

Die Bedrohung

der gesetzlichen Ordnung

in Kirche und Staat

durch die Presse radikal-sozialistischer Richtung,

beleuchtet von

Dr. Carl Johann Greith,

Bischof von St. Gallen.

Zürich, Stuttgart, Würzburg.
1869.
Leo Woerl'sche Verlagshandlung.

Einleitung.

Die schweren Ausschreitungen, deren sich ein Theil unserer Presse gegen Christenthum und Kirche schon seit geraumer Zeit schuldig macht, erreichten in den jüngsten Tagen jenen Höhepunkt blinder Leidenschaft, der mir nicht mehr gestattete, nur in der stillen Kammer oder am Altare des Herrn das verheerende Uebel zu beklagen und zu beweinen, ich sah mich durch die Pflichten meines Hirtenamtes angewiesen, einem Unfug offen entgegen zu treten, der von meiner unmittelbaren Nähe aus jüngsthin gegen die Kirche verübt wurde, und ich that es, um deren Ehre zu vertheidigen, die mir anvertraute Heerde vor aller Verführung zu schützen und für die bedrohte gesetzliche Ordnung in Staat und Kirche einzustehen. Denn klagen nur und seufzen nützt jetzt wenig mehr, wir müssen für die Kirche arbeiten und kämpfen in dieser wildbewegten Zeit, wie der heilige Vater uns durch sein Wort und Beispiel lehrt. Darum haben nach dem Vor= bilde der glorreichen Väter der Vorzeit meine hochwürdigsten Herren Amtsbrüder, die Erzbischöfe und Bischöfe von Orleans, Freiburg im Breisgau, von Mainz, von Breslau, Jene von Oesterreich u. a. zur Abwehr der maßlosen Angriffe und zur Vertheidigung der Lehre und Rechtsstellung der katholischen Kirche den Weg der Oeffentlichkeit betreten und ich folge ihrem Beispiel nach, indem ich die folgende Beleuchtung durch das Mittel der Presse zur allgemeinen Kenntniß bringe. Die Episode, die ich hier schildere, ist ein beachtenswerthes Stück unserer Zeitgeschichte; denn in dem akuten Fieberanfall unserer Journalistik, den ich den Lesern vorlegen werde, treten, wenn auch im kleinen Bild, dennoch die Symptome jener allgemeinen Krankheit uns vor die Augen, an welcher ein so einflußreicher und großer Theil der

4

kirchenfeindlichen Presse zur größten Gefährdung der rechtlichen und christlichen Gesinnungen in unserem Volke darniederliegt.

In meiner nächsten Nähe hat seit geraumer Zeit die „St. Galler Zeitung" an leidenschaftlicher Verunglimpfung der katholischen Kirche alles überboten, was man bisher in unserem Lande hierüber Gehässiges vernommen hatte. Neben beiläufig 68,000 Protestanten wohnen im Kanton St. Gallen 110,000 Katholiken friedlich in gegenseitiger Duldung beisammen; es ist Jedermann klar, daß die sorgliche Einhaltung des religiösen Friedens unter den Bewohnern eines paritätischen Staates zu den obersten Bedingungen des Glückes und der Wohlfahrt des Volkes gehört; darum haben die Gesetze des Kantons*) zur Wahrung des konfessionellen Friedens und der Achtung der vom Staate anerkannten Konfessionen Jeden als strafbar erklärt, „welcher vorsätzlich Handlungen begeht, durch welche das gute Vernehmen unter den christlichen Religionsgenossenschaften oder unter den Genossen derselben gestört oder überhaupt Glaubenshaß oder Verfolgung wegen religiösen Ansichten oder Bekenntnissen gestiftet wird", und nicht minder gegen Solche Strafen festgesetzt, die „auf eine öffentliches Aergerniß erregende Weise die Gegenstände der Anbetung oder Verehrung einer vom Staate anerkannten Glaubenskonfession oder ihre Lehren, Einrichtungen und Gebräuche in Rede, Schrift oder bildlicher Darstellung lästert oder aushöhnt". Die St. Galler Zeitung hat in fast ununterbrochener Schmähung dieses Delikt gegen die katholische Kirche verübt. Bald dreizehn Jahrhunderte besteht diese Kirche auch im Lande des heil. Gallus ruhmumstrahlt vom Glanze ihrer unsterblichen Verdienste um Kultur, Wissenschaft und religiöse Bildung; das katholische St. Galler Volk hängt heute noch mit ungetrübter Treue und Liebe an ihrem Mutterherzen, um in den Kümmernissen des Lebens bei ihr sich Trost zu schöpfen und die Hoffnungen für ein unvergängliches Glück für sich immer auf ein Neues zu beleben. Das benannte Blatt führt offenen Krieg gegen diese unsere Kirche und die verwerfliche Kampfweise, die es wählt, erinnert an die markantesten Verirrungen der Reformationsgeschichte, wo der Ruf ergieng: das Papstthum und des Satans Rotte und Alle, die es mit ihm halten, zu bestürmen und sie wenigstens mit Lügen

---

*) Strafgesetze des Kantons 1857 G. Art. 181. 182.

und Schmähungen zu erdrücken. Eine kleine Dornenlese, die wir hier aus jener Zeitung geben, wird hiefür den Beweis dem Leser leisten; die reichere wird an den geeigneten Stellen später folgen.

Der Tagesbericht in ihrer Nr. 218 beginnt mit den Worten: „Von allen Höhen lodern die Bivouakfeuer der Ultramontanen. Die Schaaren des Zeitgeistes bedrohen wieder einige wichtige strategische Punkte; sie heißen Emancipation der Schule und des Bürgerthums, und werden nur dann enden, wenn diese Lichtscheuen in die Chorstühle zurückgedrängt sind, wo das Armenseelenlicht brennt. So ist der einst die Welt beherrschende Katholizismus bereits zu einer Sektenreligion herabgesunken und an Stelle seiner erhebt sich Liebe, Gerechtigkeit, Vernunft und Freiheit. Und warum dieses? Weil auch dieses Jerusalem des Propheten Ruf mißachtete und sich gegen die ewigen Gesetze der Menschheit auflehnte, hat es der unaufhaltbare Strom der Völkerwanderung zerstört." In der gleichen Nummer lesen wir über die in den Niederlanden angestrebten konfessionslosen Schulen: „Das Auftreten des Episkopates scheint alles zerschlagen zu wollen. In einem bezüglichen Erlasse wird erklärt: lieber keinen Unterricht, als einen konfessionslosen öffentlichen, also — lieber abergläubische Bestialität à la Italien, Charente, St. Genevois, als liberal=katholische oder gar akatholische Bildung." Der heilige Vater und die Bischöfe von Oesterreich werden in der Rundschau (Nr. 235) folgendermaßen besudelt: „So geht es mit dem Ruhestörungsprozesse der Bischöfe; sie verschanzen sich auf das Entschiedenste hinter das Konkordat, d. i. die Exemtion, d. h. sie dürfen Alles thun, was einen Staat ruiniren kann, ohne für ihr Thun Jemandem Andern verantwortlich zu sein, als dem Papst — und was diese Verantwortlichkeit bei diesem, bei Einbrüchen in die liberalen Institutionen eines Volkes zu bedeuten hat, weiß man." „Die Einladung des Papstes an die Protestanten, heißt es in Nr. 238, zum Concil zu kommen, und wieder in den Schafstall Christi, wie ihn die Päpste gebaut haben, zurückzukehren, ist wieder eines jener Wunder des Unsinns, an denen das gegenwärtige Pontifikat so reich ist. Also das, wofür Tausende der Edelsten gestritten ..., wofür Luther ein Riesenleben opferte — Freiheit, Freiheit der Forschung, Freiheit der Gewissen u. s. w., das sollen sie lassen und wieder anbeten, was sie mit so viel deutschen Flüchen belegten: die Unsittlichkeit Roms, den Aberglauben und die daraus gebildete Geldpresse. Oder ist es etwa besser geworden in Rom? Um kein Haar groß und breit. Die alte Unsittlichkeit, der alte Aberglaube, nur frisch noch gesättigt mit unnennbaren Stoffen, die alten Tetzelfahrten, wobei jede Nation frische Esel liefert." Die Ereignisse in Spanien hatten inzwischen diesem Feuerhaß neuen Brennstoff zugeführt und er leistete das Unglaubliche in der Schmähung und Lästerung der katholischen Kirche. Im Ueberreize fieberhafter Aufregung sah man dort in dem Fall des Königthums auch den Einsturz der Kirche mitverflochten und träumte, was man so sehnlich wünschte, der politischen Revolution in jenem Lande sei auch der Abfall des spanischen Volkes vom katholischen Glauben auf dem Fuß gefolgt. „Was in Spanien ausgeführt worden," schrieb Herr Redaktor Vernet, „sollte das in der freien Schweiz nicht möglich sein?" und sein Blatt fuhr fort mit ganz gesteigerter Erbitterung die katholische Kirche zu verläumden. Sie wird dem öffentlichen Hasse als „das System denunzirt, das seinen Untergang herannahen sieht und darum die letzten Anstrengungen macht; sicher aber wird ihre Herrschaft zu Ende gehen, welche so lange die religiösen Gefühle der Menschen zu den verwerflichsten Zwecken mißbraucht hat." Dieser Dornstrauch mußte endlich in einem Knopfe seine Einheit ausgestalten und wirklich erschien er in Nr. 269 jener Zeitung in der verläumderischen Aufstellung, welche den Herrn Erzbischof von Olmütz und unseren heil. Vater „einer ganz gemeinen und schändlichen Handlungsweise bezüchtigt und die katholische Kirche beschuldigt: sie stecke mit dem Räuberwesen unter einer Decke." Nach langem Schweigen war für mich die Zeit zum Sprechen nun gekommen; ich durfte diese öffentliche Beschimpfung nicht schweigend hinnehmen, sondern einer unabweisbaren Pflicht meines bischöflichen Amtes folgend, forderte ich den Redaktoren zu einer öffentlichen Genugthuung auf. Da aber statt dieser der wüste Erguß neuer Schmähungen erfolgte, sah ich mich genöthigt, zur Abwehr derselben neben der Anrufung des staatlichen Schutzes zugleich die soziale Bedeutung dieses Kampfes für die gesetzliche Ordnung in Staat und Kirche nach den selbsteigenen Aufstellungen und Grundsätzen jenes Blattes für Katholiken und Protestanten zur Belehrung und Warnung etwas näher zu beleuchten. So wird demnach meinem öffentlichen Schreiben folgerichtig die Beleuchtung sich anschließen, und wir werden vom Besondern zum Allgemeinen vorschreitend in die Kenntniß des Ganzen eingeleitet werden.

I.

Oeffentliche Zuschrift

an

Herrn Fr. Bernet, Redaktoren der „St. Galler Zeitung".

Geehrter Herr!

Ihr Zeitungsblatt hat seit einiger Zeit namentlich in der Abtheilung der auswärtigen Nachrichten gegen die katholische Kirche eine äußerst gehässige und unwürdige Haltung angenommen; die Wirkung hievon kann keine andere sein, als die St. Gallischen Katholiken zu erbittern und den konfessionellen Frieden in unserm paritätischen Lande zu gefährden. So berichteten Sie jüngst in Nr. 269 Ihrer Zeitung wörtlich: „Der Fürstbischof von Olmütz hat seine Ueberzeugung nicht 20,000 Gulden werth geschätzt, sondern die Ehegerichts-Akten vor Verfall dieser Zeit ausgeliefert. Muß sich hier nicht der einfachste Bauer fragen: entweder hatte der Bischof und der hinter ihm stehende Papst recht und dann hätten sie nicht abgeben sollen coute qui coute, oder aber ihre Prätension (des Bischofs und des Papstes) war nach ihrer eigenen Ansicht eine unwesentliche und darum unstichhaltige und dann haben sie dem Staate auf ganz gemeine und schändliche Weise geleidwerkt. **Ein solches Benehmen kann man nur von einer Kirche erwarten, die mit dem Räuberwesen unter einer Decke steckt.**" Eine überaus schwere Anklage, Herr Redaktor, die Sie als Protestant gegen die katholische Kirche zu erheben wagen, zu der sich die Mehrheit des St. Gallischen Volkes bekennt. Durften Sie, als Sie diesen Schimpf niederschrieben, je erwarten, daß er von den Katholiken des Kantons St. Gallen und von ihrem Landesbischof werde stumm und feige hingenommen werden? Sonst waren wir längst gewohnt, die Toleranz in religiösen Dingen gerade von jener Seite her am häufigsten anpreisen zu hören, von wo diese tiefe Beleidigung gegen uns verübt wird und jedenfalls hat unter gebildeten Menschen bisher die Regel der Humanität gegolten: die religiösen Ueberzeugungen Anderer, auch der Anders=denkenden zu achten und nie zu kränken, weil ohnehin die Ge=wißheit — der bloß menschlichen Meinungen über göttliche Dinge eine sehr problematische ist. Sie dagegen verüben in der hervor=gehobenen Stelle gegen die katholische Kirche eine Ungebühr, wie sie in solcher Maßlosigkeit in der St. Gallischen Publizistik kaum je begangen worden, und haben dadurch Hunderttausende Ihrer Mitbürger tief gekränkt und verletzt, welche, ohne Ihren Meinun=gen Gewalt anzuthun, sich überaus glücklich fühlen, Kinder der katholischen Kirche zu sein. Legen wir den Boden für die weitere Erörterung zurecht! Vorerst entstellt der bezügliche Bericht Ihres Blattes den wahren Sachverhalt; denn der Herr Erzbischof von Olmütz hat in dem bekannten Konflikte die Ehegerichts=Akten nicht ausgeliefert, sondern sie wurden unter seinem Protest von den Gerichtsagenten weggenommen; der Herr Erzbischof wich unter Verwahrung seiner Rechte der Gewalt und ließ ge=schehen, was er nicht hindern konnte. Fällt Ihre Voraussetzung somit als unwahr in .die Nichtigkeit ihrer .selbst zusammen, so fehlt Ihnen sogar für den Fall, als sie auf Wahrheit beruhte, jeder solide Grund und Boden .für das Wagniß: den Herrn Erzbischof von Olmütz und unsern heil. Vater, den Papst, „einer ganz gemeinen und schändlichen Handlungsweise" öffentlich zu bezüchtigen, am allerwenigsten konnten Sie auf diesem lockern Grunde einen Anhaltspunkt zu der abscheulichen Schmähung finden, die sie in den Worten offen ausgesprochen haben: „ein solches (ganz gemeines und schändliches) Be=nehmen (des Erzbischofs und des Papstes) kann man nur von einer Kirche erwarten, die mit dem Räuberwesen unter einer Decke steckt."

Hat die glaubenslose Pharisäer=Schaar schon im Anbeginne selbst den ewigen König der Gerechtigkeit, unsern Herrn, unter die Banditen gezählt, so könnte es am Ende der katholischen Kirche nur zur höchsten Ehre gereichen, mit ihrem göttlichen Bräutigam das gleiche Loos zu theilen. Allein wir leben nicht

mehr in den Tagen der römischen Cäsaren, oder im Zeitalter
Julians. Seit sie den Allerheiligsten den Mördern und Banditen
beigezählt, sind achtzehn Jahrhunderte dahin gegangen; seither
hat die Kirche durch ihre Organe unter unendlichen Mühen und
Opfern die Menschheit aus der tiefsten Versumpfung sittlicher
Verkommenheit zur Wahrheit und Gerechtigkeit emporgehoben und
durch ihre unvergänglichen Verdienste um die Gesittung und
Wohlfahrt der Menschen sich Schutz, Ehre und Achtung bei den
Fürsten und Völkern überall und auch im Lande des heiligen
Gallus erworben. Die St. Gallischen Katholiken mögen zum
Schutze ihrer Kirche sich sammeln, die derlei Angriffen schutzlos
sich bloßgestellt sieht! Vor aller Augen hält unsere Kirche das
Buch ihres Sittengesetzes aufgeschlagen, das sie mit den gött=
lichen Geboten des Dekaloges aus der Hand Christi unsers Er=
lösers mit dem Auftrage empfing, es den Völkern zu verkünden,
daß sie Alles halten, was er ihnen befohlen, und die Kirche hat
diesen Auftrag bis auf den heutigen Tag in unverbrüchlicher
Treue erfüllt. Sie hat ewigen Krieg gegen Sünden und Laster,
gegen Bosheit und Unrecht geführt, unaufhörlich die Sünder
zur Buße und Gerechtigkeit berufen, die Guten von Stufe zu
Stufe zu immer höherem Tugendleben fortgeleitet, jene Heiligen
herangebildet, deren Tugendglanz noch immer die Erde erleuchtet,
deren Siegespalme im Himmel auf ewig grünet. Ja, mit den
Millionen ihrer Glaubensbrüder in der übrigen Welt theilen
auch die St. Gallischen Katholiken das freudige Bewußtsein:
daß sie der apostolischen und katholischen Kirche angehören, welche
heilig ist und sie sind weder so stumpfsinnig, noch so entartet,
um es ruhig hinzunehmen, daß die Heiligen Gottes, die sie ver=
ehren, daß ihre verstorbenen Eltern und Freunde, die im Schooße
dieser Kirche ruhen, daß endlich sie selber und ihre Priester als
Glieder einer Kirche öffentlich beschimpft werden, **„welche mit
dem Räuberwesen unter einer Decke steckt“**.

Und wie in den Tagen ihrer ruhmvollen Vorzeit, hält die
Kirche heute noch mit der Glaubenslehre auch das Sittengesetz
unsers Herrn und Erlösers so unveränderlich fest, wie die Natur
sonder allem Wandel in ihrem Bereiche die Gesetze und Regeln
beobachtet und vollzieht, die der ewige Schöpfer im Urbeginne
in sie gelegt hat. Am 29. Juni v. J. war ich so glücklich,
der erhabenen Feier beizuwohnen, die in Rom zur Erinnerung

an den Martyrtod des heil. Petrus begangen ward, welcher
vor achtzehnhundert Jahren unter Kaiser Nero als Zeuge für
jene Kirche fiel, die Sie, Herr Redaktor, als „Mitgenossin des
Räuberwesens" beschimpfen und dessen Nachfolger Pius IX. un=
sterblichen Namens Sie „einer ganz gemeinen und schändlichen
Handlungsweise" öffentlich zu bezüchtigen keinen Anstand nehmen.
Fünfhundert Bischöfe waren auf jenen Tag mit einer gewaltigen
Zahl von Priestern und Laien von allen Enden des Erdkreises
über Land und Meer hergekommen und um den glorreichen
Papst im St. Peters=Dome versammelt, Bischöfe und Priester
aus Kalifornien und aus China, aus der Tartarei und aus
Canada, vom hohen Norden herab und von Australien und den
Südsee=Inseln her, die Seelenhirten von nahezu zweihundert
Millionen katholischer Christen und von wenigstens dreißig Völker=
schaften und Nationen, verschieden nach Abstammung, Sprachen,
bürgerlichen Verfassungen und Gesetzen; und sie Alle beteten in
Einem Glauben vereint am Grabe des heil. Petrus, und das ge=
schah in Einem Augenblicke, als die Feinde den nahen Unter=
gang des heil. Stuhles - und der katholischen Kirche verkündend,
schadenfroh sich schon die Hände rieben.   Da stand Einer auf
der Spitze der wundersam gefügten Pyramide, dem Alle Gehorsam
entboten, da umgab ihn im versammelten Episkopate der Kirche
der zahlreichste, ehrwürdigste, durch Wissenschaft und Tugend
ausgezeichnetste Senat, wie die Welt keinen zweiten kennt, da
waren Gläubige aus allen Zonen, aus allen Ständen und Altern,
Hohe und Niedere, Gelehrte und minder Unterrichtete um ihren
Oberhirten geschaart, Alle gleich vor Gott, in derselben Hoffnung
sich glücklich fühlend, den gleichen Gesetzen und Pflichten der christ=
lichen Gerechtigkeit huldigend — nach Ihrer Anschauung, Herr
Redaktor, ein „Banditen=Volk", in Wahrheit aber die über den
ganzen Erdkreis verbreitete katholische Kirche in ihren Stellver=
tretern, jener Kirche sage ich), die, wenn sie beraubt wird, nicht
wieder raubt, und wenn sie gehaßt wird, dem Hasse Liebe ent=
bietet, die, wenn sie verfolgt wird, ihre Wanderung durch die
Länder und Zeiten mit Wohlthun bezeichnet, mit dem Schwerte
der Wahrheit gegen die Lüge kämpft und zu ihrem Panzer die
Gerechtigkeit sich erwählt, nie untreu geworden ihrer Devise: „ich
hasse die Ungerechtigkeit und verabscheue sie, aber ich liebe, o
Herr, dein Gesetz!" (Psalm 118, 163.) Dort in Rom wurde

an jenem denkwürdigen Tage der alte Bund zum Offensiv-Kriege gegen die Irrthümer und Ungerechtigkeiten, welche die gegen= wärtige Welt so sehr verwüsten, auf ein Neues beschworen, wie es Alle sehen und hören konnten, die zugegen waren. Denn am Altare des heil. Petrus, um den heil. Vater versammelt, haben die Bischöfe das Glaubensbekenntniß der Apostel und der Väter wieder feierlich bekannt, das als oberste Norm für alle religiöse Erkenntniß in der ganzen Kirche überall und allzeit verkündet wird; dort haben sie die Gebote Gottes, die Vorschriften und Räthe des Evangeliums und die heil. Satzungen der Väter als die höchste Richtschnur für all' ihr Wollen und Thun und als die Grundregel für das sittliche Leben ihrer Gläubigen auf ein Neues beschworen, — sich und ihnen unbedingte Gottesfurcht und die strengste Gewissenhaftigkeit zur Pflicht gemacht, damit sie in dem kommenden Gericht Gottes einst bestehen mögen. Selbst die von ihr Getrennten, die einer höheren Anschauung fähig sind, waren gezwungen, die katholische Kirche als die größte Erscheinung des Christenthums in unserer Zeit anzuerkennen, die bei dem Wanken aller anderen menschlichen Institutionen und Autoritäten ihr Haupt mit ungebrochener Jugendfrische hoch erhebt und mitten in den Wirrnissen und Trümmern der gegenwärtigen Welt immer noch eine feste Verfassung und eine lebendige, alle Glieder be= wegende Autorität aufzuweisen im Stande ist. Wohl haben die Fanatiker in den Reihen ihrer Gegner eine erlogene Geschichte fabrizirt, um ihr strahlend Bild durch Lügen und Erdichtungen bis zur Fratze zu entstellen; Andere haben offenen Raub an ihr verübt und an ihrem gestifteten Gute sich vergriffen, aber Keiner noch ist meines Wissens bis zur krassen Verleumdung herab= gesunken: daß die beraubte — „katholische Kirche mit dem Räuberwesen unter einer Decke steckte", wie Sie, Herr Re= daktor, behaupten.

Frei war Italien in den letzten Decennien vom „Räuber= wesen", so lange dort die rechtmäßigen Fürsten die öffentliche Gewalt inne hatten; nicht minder waren damals in den römischen Staaten und im Königreiche Neapel die organisirten Räuber= banden verschwunden, und der Straßenraub, von einzelnen Weg= lagerern begangen, blieb eine sporadische Erscheinung, die in Tos= kana so gut als im Kirchenstaate und in Piemont viel häufiger als in der vortrefflich regierten österreichischen Lombardei vorkam

und selbst in Staaten von bester Polizeieinrichtung nicht zu den
unerhörten Dingen gehört. Allein kühner als je erhob das
„Räuberwesen“ sein Haupt vom Tage an, als die königlichen
Truppen Piemonts einen Raubzug nach den übrigen Staaten
Italiens eröffneten, die alten Fürsten von ihren Sitzen vertrieben
und der römischen Kirche die reichsten und schönsten Provinzen,
das heilige Erbgut einer mehr als eilfhundertjährigen Vergabung
frommer Fürsten, mit Waffengewalt entrissen. Der aufgegangene
Unstern lockte die Banditen aus ihren Höhlen wieder an das
Tageslicht hervor, um unter dem Meteor=Lichte des neuen
Rechtes der Gewalt ihr schlechtes Handwerk auf ein Neues aus=
zuüben, und wie konnte es denn anders sein? Die Maxime,
die den Raub von Kronen und Ländern dem erlaubt, welchem
mit der Konvenienz die Macht zur Seite steht, ihn auszuführen
und festzuhalten, und das Beispiel des gelungenen Raubes waren
wohl nicht geeignet, in den untern Schichten des Volkes den
Sinn für Gerechtigkeit und Heilighaltung fremden Eigenthums
und Lebens zu befestigen, sondern vielmehr dazu angethan, be
einer Menge Menschen ihn auf's tiefste zu erschüttern oder ganz
zu Grunde zu richten. Will man daher von einer Solidarität
des „Räuberwesens“ in Italien reden, so kann man sie sicher
nicht bei jener Kirche suchen, welche für die Revolution eines
der ersten Objekte der Beraubung war und noch immer ist.
Allein auch damals that die päpstliche Regierung ihre volle
Schuldigkeit; im Verbande mit den französischen und italienischen
— haben ihre Truppen die Banditen verfolgt und die Grenz=
gebirgs=Gegenden von ihnen gesäubert. Was geschah aber weiter?
Es war vor einem Jahre, als die Revolution ihre bezahlten
Banden zu einem neuen Raubzug sammelte, um mit dem übrigen
Gebiete die Stadt Rom selbst zu nehmen, in die heiligsten Stätten
den Gräuel der Verwüstung zu tragen, über den Trümmern des
apostolischen Stuhles das Banner des Antichrists auf dem Kapitol
aufzupflanzen und dadurch das Feuersignal zum allgemeinen Welt=
krieg wider Christenthum und Recht anzuzünden. Ihre gottlose
Kriegsparole ist bekannt, die Welt hat sie mit Entsetzen ver=
nommen. Auf welcher Seite standen die feigen Räuber, welche
in Tivoli die Suppe der päpstlichen Soldaten vergifteten, in
Rom ihre Kaserne in die Luft sprengten, Kirchen plünderten,
Priester ermordeten und den Tod so vieler edlen, treuen und

tapfern Krieger des heil. Vaters verschuldeten? · Der Allmächtige selbst griff sichtbar in den Lauf der Dinge ein! Er hat das Schwert des stolzen Prahlhansen zerbrochen und ihm und seinen mißleiteten Schaaren die Schmach einer schimpflichen Flucht durch eine Handvoll Heldensöhne beigebracht. Allein aus den zerstreuten Horden bildeten sich, wie zu erwarten war, wieder neue Räuber= banden, und ihre Gesellen, die jüngsthin bei Rieti von den päpst= lichen Truppen aufgegriffen und gefangen gesetzt wurden, waren weder Bürger des Kirchenstaates, noch Anhänger des Papstes, sie waren — Garibaldi = Söldner! Wem daher Ihre Worte, Herr Redaktor, eignen, ist für Jeden, dem ein Urtheil zukömmt, klar genug; an die andere Seite hin gerichtet, enthält dagegen die Aufstellung eine Lästerung ohne Gleichen, wenn Sie be= haupten: „daß die katholische Kirche mit dem Räuberwesen unter einer Decke stecke."

Wir können sie finden, die Räuber, welche in den ent= schwundenen Jahrhunderten und in der Gegenwart göttliches und menschliches Recht mit Füßen tretend, die katholische Kirche voll= ständig beraubt und entblößt und über jenen reichgewirkten Pur= purmantel gottgeheiligter Donationen die Würfel geworfen haben, unter welchem sie einst in allen Landen der Christenheit den Gottesdienst verherrlichte, die Künste und Wissenschaften pflegte, den Armen und den Kranken Hülfe und Tröstung brachte; allein diese Räuber finden wir weder in der Ordnung der Bischöfe und Priester, noch in den Reihen der treuen Kinder dieser Kirche. Wir können sie nennen, die Gewaltthätigen, welche die herr= lichsten Gotteshäuser, Klöster und Stiftungen mit blinder Wuth zerstört, kirchliche Korporationen todtgeschlagen, die rechtmäßigen Besitzer und Nutznießer auf die Heerstraße hinausgeworfen und sich durch Kabinetsordres oder Mehrheitsbeschlüsse in den Besitz des fremden Gutes widerrechtlich eingesetzt haben; aber die ka= tholische Kirche, welche bei diesen Gewaltthätigkeiten beraubt wurde, konnte unmöglich „mit solchem Räuberwesen unter einer Decke stecken". Meilenweit von ihr entfernt und todtfeindlich gegen sie gesinnt, erstanden die Schulen jener Staatsrechtslehre, welche den pantheistischen Staat schuf, der göttliches und kirch= liches Recht leugnete und dadurch sein eigenes und das der Privaten auf das Tiefste erschütterte. Nicht in unserer Kirche lehrte der Jude Spinoza: „daß die Inhaber der Staatsgewalt

unter dem göttlichen Gesetz nicht stünden, sondern das Recht
zu Allem hätten, was sie vermöchten;" nicht unserer Kirche ge=
hörte Hobbes an, der behaupten durfte: „der Träger der Staats=
gewalt habe wie überhaupt, so auch darin unumschränkte Gewalt,
den moralischen, rechtlichen und religiösen Lehrbegriff für die
Unterthanen seines Landes zu bestimmen; er sei durch Gesetze
nicht gebunden und durch den blinden Gehorsam gegen den
Fürsten oder Staat könne man nicht sündigen, was er auch
immer befehlen möge;" die gleichgesinnte berüchtigte Erklärung
des Juristen=Kollegiums von Oxford (21. Januar 1863) vom
leidenden Gehorsam ist bekannt. Mit dieser Charte blanche
staatlicher Allmacht, welche verblendete Fürsten und Regierungen
gegen die katholische Kirche ausnutzten, ist die Lehre unserer
Tage: daß Macht und Gewalt vor Recht und Gesetz gehe, eng
verbunden, und nicht minder jene: daß Recht ᛫ ᛫s sei, was man
zum Recht mache, wenn man die Gewalt dazu in Händen hat.
Folgen aber die Räuber im Sabinergebirge und in den Abruzzen
anderen Maximen, als den hervorgehobenen, wenn sie wohlbe=
waffnet bei günstigem Anlaß aus ihrem Dickicht auf den wehr=
losen Wanderer sich stürzen, um ihn auszuplündern? Was auf
der Spitze der Gesellschaft zur grundsätzlichen Geltung gelangt,
muß nothwendig auch zu Unterst derselben alsbald Gutheißung
und Nachahmung finden; die Kirche kann nicht beraubt
werden, ohne daß zu gleicher Zeit die Geldkisten der
Kapitalisten und Fabrikherren bedroht werden. Wir
wollen den Beweis dafür nicht schuldig bleiben.

Die allgemeine Verwirrung aller Rechtsbegriffe und die weit
verbreitete Gewissenlosigkeit, die wir vor Augen haben, ist nur
eine der Früchte jener öffentlichen Sünde, den Staat von Gott
und der Religion, d. i.᛫ von der ewigen Ordnung der Dinge
und dem göttlichen Rechte loszutrennen. Schon der Prophet
(Jerem. 2, 13) hielt seinem Volk als das große Uebel vor,
worüber der Himmel sich betrübe, „daß es Gott, die Quelle
lebendigen Wassers verlassen und sich Cisternen gegraben habe,
die durchlöchert sind und keine Wasser halten können." Die
soziale Pest der Irreligion, die unter der Aegide des religions=
losen Staates sich wucherpflanzenartig in der Gesellschaft auszu=
breiten weiß, hat, abgesehen von ihren verwüstenden Wirkungen
in den Familien, Gemeinden und Völkerschaften, auch die schwer=

ften Bedrohungen für die Existenz der Gesellschaft überhaupt zur Folge; wie Flammenzungen aus der Esse eines unterirdischen Vulkans steigen sie in allen Ländern auf die Oberfläche hervor. Im Laufe dieses Jahres sind drei internationale Hauptversamm= lungen der Arbeitervereine abgehalten worden, in Brüssel, Nürn= berg und Genua. Was hat man von dorther vernommen?*) Vereinten Ruf zum sozialen Krieg! „Krieg gegen Gott, Krieg den Regierungen, aber auch Krieg dem — Geld= kapital." Und in Brüssel waren die Abgeordneten der Ar= beiter=Vereine von halb Europa versammelt; ihr Berichterstatter durfte vor aller Welt wörtlich die Lehre aufstellen: „Heut zu Tage kann der Mensch endlich seinen eigentlichen und wah= ren Feind erkennen! In der Politik heißt dieser Feind — das Gesetz, versinnbildet durch den Monarch, in der Moral heißt er Gott, versinnbildet durch die Popen und Päpste, in der Staatswirthschaft heißt er — die Ungleichheit des Ver= mögens, versinnbildet durch den Kredit und das Kapital." Drei schreckliche Sätze und sie stehen mit einander in einer in= nigen Verbindung! Läßt die Staatsgewalt ungestraft den Krieg der Gottlosen gegen Gott und die Religion, deren wesentliche Erscheinungsform — die Kirche ist, gewähren, dann wird auch die gesetzliche Ordnung des Staates bloßgestellt und seine stärksten Basen werden untergraben, welche die religiösen und moralischen im Leben eines Volkes sind; und ist das öffentliche Gewissen so der Gerechtigkeit entfremdet, daß es die Frevel am Kirchengut schadenfroh duldet, wenn man sie mit sophistischen Phrasen zu rechtfertigen versteht, dann wird sich die Formel leicht finden lassen, welche auch das Privateigenthum als gute Prise erklärt, sobald das sogenannte Interesse der Gesammtheit, und wäre es die Masse der Nichtshabenden und Darbenden, es erheischt. Wurde nicht von den Führern der Kommunisten längst die sub= versive Lehre verkündet, daß das Eigenthum ein bloßer Dieb= stahl sei, und welche Doktrinen hat die entsetzte Welt vor zwei Jahren aus dem Munde der Häupter des Studentenkongresses von Lüttich vernommen? Diese Rasenden kündigten Gott den Krieg an, aber im gleichen Athemzuge schwuren sie auch „Haß dem Bürgerthum und Haß den Kapitalisten", und sie

---

*) Siehe den Bericht im l'Univers vom 3. Okt. 1868.

fügten die entsetzliche Drohung bei: „Wenn das Eigenthum der Revolution hindernd in den Weg tritt, so muß das Eigenthum durch ein Volksdekret vernichtet werden, und wenn hunderttausend Köpfe ihr Schwierigkeiten in den Weg legen, so müssen sie Alle fallen." Hat der Freibeuter von Marsala und am Monte rotondo nach andern Maximen gehandelt und haben diejenigen und unter ihnen viele sonst so besonnene Männer, die ihm Beifall zugerufen, wohl erwogen, daß der entbundene Rollwagen auf dieser abschüssigen Bahn zuletzt ihre eigenen Häuser zerschmettern wird?

Wir haben daher auf unserm Gange, wie Sie sehen, die Schulen entdeckt, wo „das Räuberwesen" vom Lehrstuhl aus grundsätzlich gelehrt worden, die Jungen aufgefunden, die nach großartigen Maßstabe sich auf „das Räuberwesen" ärgster Art vorbereiten, und Viele von Solchen getroffen, die „das Räuberwesen" wirklich getrieben haben; allein diese Schulen und diese Jungen und diese Räuber sind meilenweit von unserer Kirche fern gelegen, sie Alle halten ihre Schwerter gegen sie gezückt. Wie konnten Sie also, Herr Redaktor, sich zu der unerhörten Schmähung verirren: „**die kathol. Kirche stecke mit dem Räuberwesen unter einer Decke?**" Bereiten Sie durch Verbreitung solcher Lehren nicht der Gesellschaft selbst die größte Gefahr? Vor achtzig Jahren haben in Frankreich das Journal Herbert's und die Requisitorien Chaumette's den Boden für die Gräuelszenen vorbereitet, durch welche jenes Land in ein Meer von Blut und Thränen gestürzt wurde.

Ich wende mich an das katholische Volk; möge es aufwachen und beten, denn wo derlei Angriffe auf seine Kirche gewagt werden, hat es alle Ursache, zur Wachsamkeit und zum Gebet sich zu erheben! Ich wende mich endlich auch an Sie, Herr Redaktor! Die Unbild, die Sie an unsrer Kirche verübt, ist schwer, die Verletzung, die Sie an Ihren katholischen Mitbürgern verschuldet haben, geht tief; es ist an Ihnen, als Ehrenmann, das begangene Unrecht gut zu machen, inzwischen will ich mir alle weiteren Schritte vorbehalten.

St. Gallen, 24. November 1868.

Dr. Carl Johann Greith, Bischof.

Auf diesen erlassenen Haltruf erfolgte nicht nur die ver=
langte Genugthuung nicht, sondern der Herr Redaktor Fr. Bernet
erwiederte ihn mit neuen Beschimpfungen, so daß ich genöthigt
war, bei Landammann und Regierungsrath des Kantons den
verfassungsmäßigen Schutz des Staates für die Kirche gegen die
erlittenen Mißhandlungen anzurufen. Zwar schien der benannte
Herr Redaktor augenblicklich von meinem Worte etwas betroffen,
fürderhin besonneneren Gesinnungen Raum zu geben; denn er
entschuldigte sich in seiner ersten Antwort damit: „er habe jene
Stelle nicht geschrieben, sie rühre von einem Katholiken her; wer
ihn kenne, werde ihn nicht der Intolleranz beschuldigen." Mittler=
weilen hatte er in der ersten Hälfte Dezembers l. J. als Mit=
glied dem Nationalrathe in Bern beizuwohnen, wo er neuen
Muth und Bundesgenossen sich gesucht und wohl auch Anlaß
fand, in die Fata morgana der sozialistischen Ideale hineinzu=
schauen und an den Sternbildern des Genfer Friedenskongresses
sich wieder zu erquicken. Von Bern aus veröffentlichte derselbe
zwei Schreiben, in denen er die alte Jakobiner=Parole blutigen
Angedenkens „Ecrasez l'infame" in folgenden Phrasen deutlich
wiedergiebt: „Einmal mußte er doch kommen dieser Kampf,
lange kann die Schweiz nicht mehr isolirt bleiben von der großen
Bewegung der Geister, die rings in Europa aufflammt, um das
Joch kirchlicher Despotie abzuschütteln. Die freie Schweiz kann
nicht hinter Spanien zurückbleiben.

„Einmal muß namentlich die Demokratie sich aufraffen, um
diesen Pfahl aus ihrem Fleische zu schneiden. Man kann nicht
die Gründung der Freiheit und Gleichheit auf bürgerlichem Ge=
biete verfechten und auf kirchlichem Gebiete die krasseste Despotie
fortbestehen lassen, eine absolute Monarchie, wie sie so absolut
selbst in Rußland nicht existirt. Einmal muß auch der Geist
der Demokratie im Schooß der Kirche sich erheben und diesen
Absolutismus zertrümmern, welcher seine Diener zu willenlosen
Werkzeugen mißbraucht. Einmal muß diese Fremdherrschaft aus
dem Vaterlande hinaus, die seine Seelsorger zu unrepublikanischen
Knechten macht. Einmal müssen die Geister jener von Herrn
Karl Greith s. Z. bis auf's Blut verfolgten freisinnigen Geist=
lichen wieder auferstehen — welche eine freie demokratische Ein=
richtung der Kirche verlangten. Einmal muß jenes unwürdige
Verhältniß aufhören, daß die Befehle eines fremden Potentaten

in unserer freien Republik maßgebend seien. Einmal wird sich das Schweizervolk frei machen von dieser Kriegsordre aus Italien und eine freie schweizerische Kirche gründen.

„Einmal wird es sich doch fragen, ob man nicht brav und gottesfürchtig leben könne in unserm Ländchen, ohne einen bischöflichen Hof und eine kostspielige geistliche Büreaukratie zu haben, die an einem großen Fonde schmarotzt und in müßigen Stunden nichts Besseres zu thun weiß, als die Bürger mit der Sturmglocke der Religionsgefahr aufzuschrecken.

„Einmal wird es an der Zeit sein, zu untersuchen, ob es recht und billig sei, daß das Volk, um Straßen zu bauen, um seine Schulen und seine Kirchen zu erhalten, im Schweiße seines Angesichts große Steuern trägt, während neben ihm Millionen, die einst seinen Vorfahren abgenommen wurden, hinter Klostermauern in todter Hand vergraben liegen.

„Diese Dinge werden kommen und das Volk des Kantons St. Gallen so gut, wie dasjenige von Spanien zur Ueberzeugung gelangen, daß nicht das freie Wort des Bürgers sein Feind ist, sondern jene finstere Macht, welche seine religiösen Gefühle zu ihren habgierigen und herrsüchtigen Zwecken mißbraucht.

„Es wird nichts desto weniger brav und religiös bleiben. Wir glauben all' an Einen Gott. Wir weisen jene Verdächtigung des Bischofs Greith, als seien wir die Feinde der Religion und des Eigenthums, als elende Lüge zurück.

„Wir haben, was der Bischof nicht hat, Familie, und hoffen sie mit Gott und Ehren durch die Welt zu bringen. Aber gerade, weil wir an einen Gott glauben, an den Gott der Freiheit, der Gerechtigkeit und der Liebe, so glauben wir auch daran, daß es nicht eher Friede gebe unter den Menschen, als bis jenes Truggebäude des Despotismus und der Heuchelei, welches man die päpstliche Gewalt nennt, zertrümmert ist, und über ihren Trümmern eine freie Gottesreligion die Menschen verbindet.

„Ich hielt es in meiner Pflicht, gegenüber den muthwillig geschleuderten Bannstrahlen meine Ueberzeugung noch einmal frei und rückhaltslos zu äußern. Haben die Liberalen den Muth verloren, so lasse ich dies gern mein letztes Wort sein und werde einen Kampf nicht fortsetzen, der einen Einzelstehenden verzehren müßte und nur mit der Unterſtützung beſſerer Kämpen und dem Zuſammenwirken aller Freigeſinnten unternommen werden kann.

„Iſt aber Muth und Zuſammenwirken da, dann muß es möglich ſein, dies Joch abzuſchütteln. Dann ſagen wir freudig zum Herrn Biſchof Karl Johann Greith: „du haſt den Hand= ſchuh muthwillig hingeworfen, wir nehmen ihn auf. Noch lebt das freiſinnige St. Gallen und das freie Wort im Lande der Eidgenoſſen.“

Sind dieſe Brandreden, die ſo ungeſcheut die katholiſche Kirche mit ihrem baldigen Untergange bedrohen, wohl einer weiteren Beachtung werth? Allerdings, denn ſie ſtehen mit einem Syſtem erklärter Gottloſigkeit und Anarchie in engſter Verbindung, welches eine dem Vaterlande wildfremde, „auswärtige Macht“ ausgeheckt hat und auch auf dem freien Boden der Schweiz zum unermeßlichen Unglück all ſeiner Bewohner und vorab der katho= liſchen Bevölkerung zur Ausführung bringen möchte. Das Syſtem bedroht vorerſt die katholiſche Kirche mit ihrem Untergang, es iſt jedoch zugleich gegen die geſetzliche Ordnung im Staate über= haupt gerichtet und dieſes nachzuweiſen, ſoll der Gegenſtand der folgenden Beleuchtung ſein. Wir werden ſehen, daß in dieſer Frage Religion und Kapital, Chriſtenthum und Indu= ſtrie, Kirche und Staat durch ein ſolidariſches Intereſſe zu einer Alliance verbunden werden, und die politiſche Freiſinnigkeit wird ſich wohl hüten, für eine brutale Unterdrückung religiöſer Ueberzeugungen einzuſtehen und dadurch ihr oberſtes Princip zu verläugnen.

II.

Die Beleuchtung.

A. Die Bedrohung der ſozialen Ordnung überhaupt.

Das öffentliche Wort, das mir iſt abgedrungen worden, hat ſeine gute Wirkung nicht verfehlt, der ausgeworfene Funke trieb im Feindeslager feuerſpeiende Raketen in die Höhe, die durch die Ausſtrahlung wichtiger Geſtändniſſe ein großes Schlag= licht auf die unheimelige Gegend gen Abend werfen, wo der

Socialismus wildester Form sich zum Angriff gegen die be=
stehenden Ordnungen in Staat und Kirche rüstet. Die Stellung
und den strategischen Plan des Feindes schon zum vornherein
durch ihn selbst zu kennen, wiegt so viel als halber Sieg, wenn
diejenigen, die an der Spitze der socialen Ordnung stehen, Au=
gen haben um zu sehen, und den Verstand gebrauchen wollen,
aus den Vordersätzen nackter Thatsachen und bekannter Grund=
sätze die nothwendigen Schlüsse abzuziehen — discite moniti!
In der That ist das Wetterleuchten, das in der St. Galler
Zeitung uns blendend in die Augen fährt, keine bloß vereinzelte,
bedeutungslose Erscheinung, die etwa im weiten Aetherraume
der religiös=politischen Welt von selbst wieder spurlos verschwände;
sie hängt vielmehr mit jenem Krater zusammen, welcher in der
internationalen Arbeiterassociation sich gebildet und festgesetzt hat.
Der kochende Vulkan hat seine Zweigausgänge in manchen Preß=
organen Frankreichs, Belgiens und der Schweiz gefunden, welche
täglich ihre Zündstoffe über Land und Leute auswerfen, um den
Tag einzuleiten, wo der Tocsin von den Thürmen heulen und
der einschlagende Blitzstrahl die überraschte Gesellschaft in Feuer
und Flammen setzen soll. Mit großer Zuversicht erwarten die
Führer den Ausbruch der großen Revolution, die den gesetz=
lichen Zustand der Gesellschaft in Trümmer schlagen und jene
blutrothe Republik in zweiter Auflage wieder bringen soll, deren
erste vor achtzig Jahren der französischen Nation so viel Blut
und Thränen gekostet hat. Um den Boden hiefür zuzubereiten,
betreiben die verwandten Zeitungsblätter die frechste Entchrist=
lichung und Verwilderung unter der Arbeiterklasse und in den
übrigen Schichten des Volkes; von den Staatsregierungen hier
unterdrückt, sprossen sie dort unter anderem Namen wieder auf.
Für den „Barbar", der in Paris zu erscheinen angefangen, ist
selbst „Robespierre nur ein verbissener Rückschrittler, weil er den
alten Kultus durch den neuen eines höchsten Wesens ersetzt und
so die religiöse Tyrannei wieder in eine neue Form gebracht
habe". Die schauderhaften Lehren wurden oben hervorgehoben,
welche der internationale Arbeitercongreß in Brüssel auf seine
Fahne schrieb; sie wurden seither von den Gesinnungstüchtigen
in den dienstbaren Blättern hüllenlos vorgetragen und erklärt.
Hier nur Weniges zur Musterprobe! La Cigale (die Graß=
grille) läßt sich in schrecklichen Blasphemien darüber also ver=

nehmen: „Das Ziel der internationalen Arbeiterassociation, so wie jedes sozialistischen Vereins ist die Beseitigung des Schmarotzers und des Paria..... Gott und Christus, diese Vorsehung der Bürgerklasse, sind zu jeder Zeit die Schutzmauern des Kapitales und die erbittertsten Feinde der arbeitenden Klasse gewesen. Gott und Christus sind schuld daran, daß das Volk bis jetzt noch in Leibeigenschaft schmachtet. Indem man demselben lügenhafte Hoffnungen und phantasiereiche Paradiese vorspiegelte, hat man es bewogen, alle Leiden der Erde nicht nur ohne Widerstand, sondern sogar mit Freuden auf sich zu nehmen. Erst wenn alle Religionen weggefegt, alle sowohl christlichen als sonstigen religiösen Begriffe bis auf die letzte Spur ausgetilgt sein werden, können wir das politische und sozialistische Ideal erreichen, das wir anstreben. Wir würden alle unsere Pflichten verrathen, wollten wir auch nur einen Augenblick innehalten in der Verfolgung der Ungeheuer, welche die Menschheit bis jetzt gefoltert haben. Dies sind die vom letzten Congreß in Brüssel verkündeten Principien — Krieg gegen Gott und Christus, Krieg den Despoten des Himmels und der Erde!" Dieses schauderhafte Programm bedarf keines Kommentars. Ist der Boden des christlichen Schweizervolkes empfänglich für diese Drachensaat?

Ob nun der Redaktor der St. Galler Zeitung an der Arbeiterassociation persönlich betheiligt sei oder nicht, ist hier völlig gleichgültig, wir können weder das Eine noch das Andere behaupten, weil wir es nicht wissen. Allein die Grundsätze, die er der Reihe nach in seinem Blatte ausgesprochen, stehen mit den hervorgehobenen im nothwendigen Zusammenhang, ob er sich dessen nun bewußt sei oder nicht; denn auf dem praktischen Gebiete des Lebens gilt der Grundsatz: wer dem evangelischen Volke den positiven Christusglauben entreißt, führt es zum Unglauben, und wer dem katholischen Volke die Kirche zerstören will, will es in den Abgrund der Irreligion stürzen, — das Gesetz des Falles kennt auch im religiösen Raume für die Linie des Falles keine Mitte. Unser christliches Volk und Land im Auge haltend, hat die St. Galler Zeitung sich bisher wohl gehütet, die Brüsseler Principien in aller Nacktheit vorzutragen, sie hat gegentheils eine sich mehr accommodirende Form gewählt und das Vorgehen bis zur letzten Linie nicht gewagt. Allein im Systeme der Verneinung steht die anderletzte Linie mit der letzten in einer naturnothwendigen Verbindung, und auch in der sich accomodirenden Form ist die Urgestalt und der Geist, der sie belebt, ohne Mühe zu erkennen. Die Vergleichung beider soll ihren wechselseitigen Zusammenhang beleuchten!

Auf dem Arbeitercongreß in Brüssel und in dessen publizistischen Organen wurde, wie wir vernommen, gegen Gott und Christus offen der Krieg erklärt, in der St. Galler Zeitung wird er eben so unumwunden der katholischen Kirche, Papst und Bischöfen angekündet; dort wurde Gott und Christus ungescheut gelästert, hier wird Christus unser Herr eben so frech in seiner Gottheit geschmäht und „nach Reinheit und Größe" mit dem Bandenführer Garibaldi auf gleiche Linie gestellt. Dort wurde plasphemisch behauptet, daß „Gott und Christus die Schutzmauern des Kapitales und die ärgsten Feinde der arbeitenden Klassen seien, sie sind an allem Unheil und Uebel schuld, das auf den Menschen in dieser Welt lastet", die gleiche Verläumdung wird von der St. Galler Zeitung auf die katholische Kirche geschleudert. Denn, wie dieses Blatt wörtlich schmäht, „unterstützt diese Kirche die Könige, Despoten und Alle, die über Andere Gewalt ausüben, sie beschützt die Sclaverei und behauptet, die Wohlthaten des Handels und der Industrie gehören vorerst den Privilegirten dieser Erde (den Kapitalisten und Arbeitsherren), für den Arbeiter, den Proletarier, den Bauer genügen die Brodsamen, die vom Tische der Reichen fallen". Gegen diese verläumderischen Zulagen ihrer eigenen Erfindung schwingt die St. Galler Zeitung sodann die Herakleskeule und schlägt sie mit den Luftstreichen nieder: „Wir wollen, daß der Arbeiter nach seinem Werke belohnt werde; wir werden die Sclaverei sowohl der schwarzen als der weißen Sclaven (der Arbeiter) auf der ganzen Erde aufheben; die Könige, die Despoten und Gewalthaber werden wir absetzen; durch die Freiheit werden wir das Reich des Friedens einführen. Beides ist aber nur dann gesichert, wenn die gegenwärtige Sachlage (gesellschaftlicher Zustand) von unten bis oben geändert ist." Da aber gegen „die Einführung des Reiches der Freiheit und des Friedens durch eine Aenderung der gegenwärtigen Sachlage von unten bis oben" die katholische Kirche ein so starkes Bollwerk entgegenstellt, darum ertönt von jener Seite der wilde Ruf: Krieg der katholischen Kirche, Krieg dem Papstthum, Krieg den Bischöfen! Diese Kirche sammt all ihrem Zugehör muß vorerst weggefegt und bis auf die letzte Spur vertilgt werden, dann erst kann das politische und sozialistische Ideal erreicht werden. Und bevor noch die katholische Kirche gestorben, wird ihr Tod schon ausgekündet. „Wer," so frägt der Herr Redaktor Fr. Bernet, „glaubte vor wenigen Jahren an Eure Glaubenssätze? Die ganze Welt. Wer glaubt jetzt noch daran? Eigentlich Niemand mehr, Ihr selbst (die Bischöfe und Geistlichen) nicht einmal; die uncivilisirten und unwissenden Bevölkerungen (die katholischen) haben noch einige abergläubische Gewohnheiten, pfle= gen noch fromme Bräuche, aber der Glaube, den Ihr lehrt, ist verschwunden, bald wird man nicht mehr davon reden." So vermißt sich dieser Mann, die Bischöfe und Priester der Kirche als Heuchler, die katholischen Völkerschaften als eine uncivilisirte und unwissende Masse, den katholischen Gottesdienst als Aber= glauben, unser Religionsbekenntniß als verschollen und abgethan auszukünden; im gleichen Athemzuge aber bedroht er die katho= lische Kirche mit einem Kriege auf Leben und Tod, was kaum mehr nöthig ist; liegt sie, wie er uns versichert, wirklich in den letzten Zügen, wofür dann sich so ereifern, das Bollwerk ist ja bereits gefallen, er kann sein politisches und sozialistisches Ideal ohne Behinderung verwirklichen. Wir lassen über eine solche Sprache alle rechtlich denkenden Männer im ganzen Lande richten.

Alles ist Same und Alles ist Frucht wie im Leben der Völker, so in jenem der einzelnen Menschen. Die Erstlings= früchte dieser Aussaat des Verderbens sind schon vor unseren Augen ausgewachsen; Gott will durch sie alle Freunde des Chri= stenthums und des Vaterlandes zeitig zur „Sammlung" rufen. In den Arbeiterunruhen zu Genf sind die Flammen von der Tiefe aufgelodert, das gefahrvolle Stadium beleuchtend, in wel= ches die sozialistische Bewegung schon eingetreten ist; wäre daran nicht genug, dann haben die neuesten Auftritte in Basel die Lücke für die Erkenntniß vollends ausgefüllt. Wir wollen dar= über in den Worten der dortigen Regierung berichten. „In ge= schlossener Organisation rückten die Arbeiter gegen die Arbeits= herren vor; diese sollten schuld an dem ungenügenden Verdienste sein und einfach auf Kosten dieser sollte ein genügender Arbeits=

lohn erzwungen werden. Solche Forderung wurde mit der Drohung von Gewaltanwendung gestellt, und es hatte die Verblendung, die manche Kreise ergriffen, einen Grad erreicht, welcher den Führern selbst über den Kopf gewachsen war. Haltet inne auf dieser verderblichen Bahn, rief die Regierung den Arbeitern zu, wendet euch ab von Rathschlägen, die zur Arbeitslosigkeit und zum Elend führen; säet nicht auf Mißtrauen und Haß eine Saat, welche nur auf gegenseitigem Wohlwollen und Zutrauen gedeihlich sprießen kann." Die Arbeitsherren haben inzwischen mit einer Abschlagzahlung die Fordernden zur Ruhe gebracht und das weise Wort der Regierung hat auf sie für den Augenblick beschwichtigend gewirkt; wird diese Kühlung und Ruhe von Dauer sein? - „Der eigentliche Anstifter dieser Aufregung war*) der internationale Arbeiterbund, deren Häupter Beker und der Russe Batunin in den letzten Tagen das Programm einer neuen sozialistischen Association herausgegeben haben; der erste Artikel lautet: Die Alliance bekennt sich zum Atheismus; sie will die Abschaffung jeder Gottesverehrung. Die übrigen Artikel entwickeln den reinsten Kommunismus." Und das wagen Fremdlinge in unserem Vaterlande!

Es ist wahr: die Arbeiterfrage drängt nach einer Lösung und alle interessirten Theile müssen mitwirken, um sie glücklich lösen zu können; wir wollen die hohe Bedeutung des Christenthums zu einer glücklichen Lösung derselben hier berühren. Das tiefste Princip aller Ordnung und Blüthe im großen Ganzen des Völkerlebens und in allen seinen Kreisen ist die Religion und die auf ihr als ihrem festen Grunde beruhende Gerechtigkeit. Wo diese idealen Wurzeln im Volksbewußtsein lebendig und gesund geblieben, wächst das Leben von ihnen getragen frisch empor, abgelöst von ihnen wird es siech und stirbt dahin. Hören wir den Fürsten der deutschen Dichter — Goethe — darüber an: „Alle Epochen der Weltgeschichte, schreibt er im westöstlichen Divan, in welchen der Glaube herrscht, sind glänzend, herzerhebend und fruchtbar für Mit= und Nachwelt: diejenigen aber, in welchen der Unglaube einen kümmerlichen Sieg behauptet, verschwinden vor der Nachwelt." „Kein Volk kann auch nur hordenmäßig zusammenleben ohne Religion; ha=

---

*) S. Basler Nachrichten.

ben die ersten und obersten Grundsätze derselben ihre Geltung
in einem Volke verloren, dann müssen die gesellschaftlichen Bande
reißen und die Menschen zu Horden von Räubern werden. Ist
den Menschen einmal der Glaube an Gottes strafende Gerechtig=
keit und an die Fortdauer ihres Lebens nach dem Tode geraubt,
was wird sie dann von Verbrechen abhalten und wer von Euch
wird dann in seinem eigenen Hause noch sicher sein," so sprach
das Haupt der französischen Religionsspötter. Das erkannten
auch die großen Gesetzgeber des heidnischen Alterthums; sie führ=
ten, wie Numa, ihre Gesetze auf das höchste Wesen zurück, ver=
langten Achtung und Beachtung für die väterliche Religion, in
welcher, wie schon Platon ahnte, die Trümmer einer vorgeschicht=
lichen, untergegangenen Weisheit zu erkennen seien. Alle helle=
nischen Freistaaten haben die Gottlosigkeit mit dem Tode bestraft.
So dachten schon die großen Alten zu einer Zeit, als die fal=
schen Götter, „die den Menschen nicht helfen konnten", von ihren
Altären herab Nacht und Irrsaal über die Völker verbreiteten;
seither hat die Sonne der ewigen Weisheit ihnen im Christen=
thum den Geistestag gebracht und mit ihm die nie alternden Prin=
cipien zu immer neuer Verjüngung und Entwickelung des Lebens.
Wenden wir diese unwidersprechlichen Lehren auf die Arbeiter=
frage an.

Ein tiefes Mißverhältniß ist zwischen dem Besitz und Reich=
thum von Wenigen und der Armuth der Massen eingetreten und
eine starre Scheidewand hat sich zwischen Kapital und Arbeits=
kraft, Produktionsgewinn und Arbeitslohn eingeschoben, eine mehr
als hundertjährige Entwicklung der Industrie, des Handels und
Gewerbes hat die Lage der Dinge ausgebildet, wie sie vor uns
liegt. Kann der eingetretene Zwiespalt „durch eine Aenderung der
Sachlage von Oben bis Unten" gehoben werden oder würde eine
solche nicht vielmehr die Zertrümmerung der Industrie und des
Verdienstes, in dieser oder jener Form, die Gefährdung des Eigen=
thums, großes Elend und Unglück über Alle, Reiche und Arme,
Arbeitgeber und Arbeiter unausweichlich nach sich ziehen? Oder
wird das Mißverhältniß ausgeglichen, wenn man den Prote=
stanten ihren positiven Christenglauben raubt und die Katho=
liken zum Abfall von ihrer Religion und Kirche verführt? Tiefen
Schluchten, steilen Hügeln und hohen Bergen begegnen wir Alle
ohne Ausnahme auf unserer Wanderung durch das Leben, sie

sind weder auszufüllen noch abzutragen, um einen ebenen und bequemen Weg für uns herzurichten. „Wie der Vogel zum Fluge so ist der Mensch zur Arbeit geboren" sagt die Schrift „und zum Leiden" so fügt der große Apostel hinzu; „wir sind Pilgrimme hier auf Erden," fährt er anderswo fort, „und suchen im Himmel unsere bleibende Heimath." Wird diese religiöse Anschauung des Lebens im Menschen gebrochen, dann löscht mit ihr zugleich die Leuchte aus, die ihm den rauhen Lebensweg beleuchtete, und die Quelle trocknet aus, die ihm lindernden Balsam in die Wunde seines Herzens goß. Nun kommen aber die sozialistischen Volksbeglücker und halten dem Arbeiter das täuschende Spiegelbild jenes Utopiens vor, das Allen gleiches Loos und volles Genügen verspricht, reißen ihn vom ewigen Jenseits los und weisen ihm im zeitlichen Diesseits ein Paradies an, welches, so er es fassen will, immer weiter vor ihm flieht. Der arme Arbeiter hört Gott aus dem Himmel, das Gewissen aus der Seele, die Seele aus dem Wesen des Menschen wegspotten und vom giftigen Hauche der Verneinung wird ihm am Ende der letzte Glimmerschein der Gottesfurcht und religiösen Hoffnung ausgeblasen. Vergleicht er in dieser Stimmung seine gedrückte Lage, die er vielleicht zum guten Theile selbst verschuldet, mit dem Glückstande der Reichen und der Arbeitgeber, stürmt die entbundene Genußsucht auf ihn ein, die er zu befriedigen die Mittel nicht hat, können wir uns verwundern, wenn er der Verführung sich in die Arme wirft? Sie kommen heran, diese Volksbeglücker und führen die Sprache Absalons des Empörers wider den Vater und das Reich: besäßen wir die Obergewalt im Lande, so sprechen sie zum Arbeiter, wir wollten allen deinen Klagen gerecht werden, denn wir bedauern dein hartes Loos! An deinem Elend sind die Kapitalisten und die Arbeitsherren schuld, sie sorgen nur für sich und vorbehalten dir den verdienten Lohn; an dieser Schuld ist auch die Staatsregierung mitbetheiligt, sie hilft den Herren und vernachlässigt es, den Arbeitern Arbeit und Verdienst beizuschaffen; die Religion und Kirche aber tragen die allergrößte Schuld, denn sie halten die untern Klassen in der Leibeigenschaft gefangen und lehren, das Eigenthum und die gesetzliche Ordnung unverletzlich zu halten. Daher „Krieg dem Kapital, Krieg den Despoten und Gewalthabern, Krieg gegen Gott und Religion, und vor Allem auf anderletzter Linie — Krieg gegen die katholische Religion und Kirche!" Erst auf dieser Spitze kann der Prozeß der Bethö= rung den Anfang zu dem Ende finden, welches die volle Anar= chie und der Umsturz des Glückes und der Freiheit der Völker wäre.

Ganz anders wird die soziale Frage sich gestalten, wenn an ihrer Lösung der große Faktor christlicher Gesinnung bei Herren und Arbeitern sich mittheiligt, und diese Alliance ist für eine glückliche Lösung derselben unerläßlich. Es ist nicht zu läugnen, daß die Fabrikherren und Arbeitgeber entgegen kommen müssen, um so weit es möglich ist, durch materielle Mittel die Lage der arbeitenden Klasse zu verbessern; und ist solche Möglichkeit vorhanden, dann kann nicht der bloße Huma= nismus, sondern die christliche Religion allein in ihnen den Willen hiefür vermitteln, welche auch im geringsten Menschen den Bruder und Miterlösten Jesu Christi zu ehren und zu lieben lehrt. Doch können die Arbeitsherren allein hier nicht Alles leisten; auch in die Hand der Arbeiter hat Gott das Loos ge= legt, nach freier Auswahl in ihrem Stande zufrieden und glück= lich oder aber unzufrieden und unglücklich zu sein. Ist der Arbeiter von christlicher Gesinnung getragen und gehalten, dann sucht er die Ursache der Lage die ihn drückt, weniger bei Andern als vielmehr bei sich selber auf; dann ruft er nicht: „Krieg den Kapitalisten und Despoten, Krieg der Religion und Kirche", sondern — Krieg der Genußsucht, Krieg dem Stolze des Unglaubens, Krieg der Ausgelassenheit und Allem, was mit dem Frieden des Herzens auch den ökonomischen Haus= halt und die Zufriedenheit mit seinem Stande für ihn zu Grunde richtet. Und wird dieser Krieg von Jedem tapfer geführt, so ist für die glückliche Lösung der Arbeiterfrage schon ungemein viel gewonnen. Welche Erhebung und Stärkung gewährt den Menschen in allen Ständen und Lebenslagen das göttliche Christen= thum! der König der ewigen Ehre hat, wie Bossuet so schön sagt, zu Bethlehem die Armuth und zu Nazareth die Arbeit hoch geadelt. Wer daher arm ist, fühlt sich nicht verworfen, er ist dem Erlöser gleich geworden, wer arbeitet, dünkt sich nicht erniedrigt, der Herr selbst ist ihm als Beispiel vorange= gangen und Beide hat er auf die liebevolle Vorsehung jenes Vaters im Himmel hingewiesen, der die Lilie des Feldes kleidet und für den Sperling auf dem Dache sorgt, wie sollte er denn nicht auch für seine Kinder sorgen? Er ist des Schwachen Arm, die Hand, die den Blinden führt, vor ihm ist keine Waise vater= los. Wenn Alles fehlt, weiß er wie durch ein Wunder zu helfen, selig ist, wer auf ihn vertraut und auf die unvergäng= liche Belohnung unverwandt sein Auge richtet, die der Untrüg= liche allen Guten verheißen und vorbereitet hat! Diese gläubige Ueberzeugung macht Millionen Menschen mit Gott und ihrer Lage zufrieden, giebt ihnen Muth, spornt ihre Thatkraft an, lehrt sie ihr wahres Glück verstehen. Reißt ihnen diese Stützen nieder, dann brechen sie zusammen, werden unaussprechlich un= glücklich und sich mit Ingrimm gegen die Reichen, die staatliche Ordnung und die Kirche — gegen Alles wenden, was über ihnen steht, um Allen und sich selber den sicheren Untergang zu bereiten.

So hat der in Allem so scharf blickende Völkerlehrer auch die soziale Frage im Centrum getroffen mit seinen goldenen Worten — (Tit. 2, 11.), die über allen Thürschwellen der Arbeitshäuser stehen sollten: „die Gnade Gottes unseres Heilan= des ist allen Menschen erschienen uns zu lehren, daß wir die Gottlosigkeit und die weltlichen Lüste verläugnend nüch= tern und gerecht und fromm in dieser Welt leben, entgegen= harrend der seligen Hoffnung und der Ankunft unseres Herrn.“ Wer nach der herrlichen Lehre des Apostels, die Gottlosigkeit des Unglaubens und die zügellosen Lüste überwindet, nüchtern für sich, gerecht gegen seinen Nächsten und fromm gegen Gott lebt, hat für sein Lebensglück ein felsenfestes Fundament gebaut, das auch die härtesten Prüfungen unverbrüchlich bestehen wird. Allein nur die Kirche kann diese Gesinnungen pflanzen, pflegen und erhalten; sie zerstören wollen, heißt jene Ueberzeugungen, Tröstungen und Kräfte im Leben der Bürger, der Familien, der Völker vernichten wollen. Darum ist die Sonn= und Fest= tagsfeier auch für die staatliche Gesellschaft von so ganz entschei= dender Bedeutung. Es ist allgemein anerkannt, daß diese Feier in England sorglich eingehalten wird. Ohne sie könnte Groß= britannien nicht bestehen. Unter dem Drucke der durch Konkurrenz aufs Aeußerste gesteigerten Anstrengungen würde die soziale Maschine bersten. Die Sonntagsruhe und der religiöse Dienst der Arbeiter hat bis jetzt jenes Land vor einem sozialistischen

Umsturze bewahrt. *) Wäre die katholische Kirche „weggefegt", was könnte die St. Galler Zeitung dem katholischen Volke dafür bieten? Etwa den „Christus, den sie nach Reinheit und Größe" neben Garribaldi auf gleiche Linie stellt? Oder diesen selbst, der der Religion, dem Christenthum und der Kirche zugleich den Krieg erklärt? Dann wäre es allerdings möglich, „die gegen=wärtige Sachlage von Oben bis Unten zu ändern", Caveant Consules!

B. Die Bedrohung der katholischen Kirche.

Wer in ein fremdes Haus einstürmt, um Ruhe und Ord=nung hier zu stören, wer überdies noch Vater und Mutter, Kin=der und Hausgenossen darin beschimpft und bedroht, an dem wird gerechterweise Hausmannsrecht geübt, wenn er zur Thür herausgestellt und fortgewiesen wird. Jene Käufer und Verkäu=fer im Evangelium (Matth. 21, 12) hatten nur in den Vor=hallen des Tempels Lärm gemacht und gemeines Gewerb getrie=ben, aber keine Schmähreden weder gegen den Tempel noch die Priester sich erlaubt, dennoch hat der Sanftmüthigste der Sanft=müthigen die Stricke zur Geisel gewunden und die Entehrer sei=nes Heiligthums mit den Wörten fortgepeitscht: „mein Haus ist ein Bethaus, ihr aber habt eine Räuberhöhle daraus gemacht". Nun erfrecht sich dieser Herr Bernet, in das Innere der katho=lischen Kirche, der er als Protestant nicht angehört, einzubre=chen, darin Brandreden wider sie zu führen, sie als eine Ban=ditenhöhle zu beschimpfen, „die mit dem Räuberwesen unter einer Decke stecke und darum auf Tod und Leben zu bekrie=gen sei"; er hat es also wohl verdient, mit der Ruthe der Wahrheit und der Waffe zutreffender Gründe zum Tempel hin=ausgetrieben zu werden, damit er sich ferner hüte, die Ruhe unseres Vaterhauses zu stören. Christus allein (Joh. 10, 9), nicht Garibaldi, ist die Thüre, durch die man eingeht in den Schafstall der gläubigen Heerde, und um diese gegen die An=fälle reißender Wölfe zu schützen, bewacht nach göttlicher Anord=

*) J. W. H. Tiersch: Ueber christliches Familienleben. Erlangen 1859. S. 181.

nung der Bischof die Hürde. Kömmt der hungrige Wolf auf die Heerde hergestürzt, so flieht nur der Miethling, weil ihm an den Schafen nichts gelegen ist; der Hirt aber widersteht dem Wolfe, daß er nicht raube und die Heerde zerstreue; und die Schafe hören seine Stimme. Diese Mahnung des Herrn wohl beachtend haben die Bischöfe der Kirche für die ihnen anvertrauten Heerden in tausend Kämpfen heldenmüthig mit dem Feind gerungen und zahllose Male ihr Leben mit Freuden zu deren Schutz eingesetzt. „Denn dafür führt der Bischof der Kirche, wie der heil. Bernhard lehrt, den Hirtenstab in seiner Hand, um ihn für die Schafe und gegen Wölfe zu verwenden. Nach oben geht der Stab in eine Kurve aus, durch die der Bischof die Schafe um sich sammeln soll, und nach unten läuft er in eine Spitze aus, mit der er die Wölfe von der Heerde abzutreiben die Pflicht hat.“

Der Geist, der wider die göttliche und menschliche Ordnung sich erhebt und mit unaussprechlichem Jammer die Menschheit bedroht, hat schon im verflossenen Jahre auf dem Friedenscongresse in Genf mit lauter Stimme wider den Herrn und seinen Gesalbten die Kriegsparole ausgerufen: „Laßt uns zerreißen die Bande des Glaubens und von uns werfen das Joch der Religion! „Nieder mit dem Papste, hieß es dort, nieder mit der katholischen Kirche, nieder mit der Geistlichkeit, weg mit dem Christenthum!“ Das war die Sprache erklärter Gottlosigkeit, die man in Genf führte, sie hat sonnenklar das letzte Ziel beleuchtet, auf welches diese Männer zusteuern, und Jedermann gezeigt, was die Schlagworte von Priesterherrschaft und Ultramontanismus zu bedeuten haben, mit denen man schon so lange die katholische Kirche bekämpft. Die offene Kriegserklärung gegen die katholische Kirche hat Herr Redaktor Vernet zum erstenmal auf St. Gallischem Boden erlassen; wir haben sie vernommen, davon Akt genommen und wollen seinem Angriff wohlgemuth in voller Rüstung entgegengehen. Hat er uns schon früher durch seine Offenbarungen mit den Stellungen und Streitkräften seines Lagers bekannt gemacht, so ist es nur billig, daß wir auch ihm einen Blick in die Vertheidigungsmittel jener Macht gestatten, die er auf Leben und Tod bekriegen will; er mag daraus ermessen, wie groß die Furcht ist, die wir vor seinem Angriff haben. Jedenfalls darf er diesen Kampf gar so leicht nicht nehmen, da schon so mancher Heerführer die Schlacht verlor, weil er die Stärke des Feindes im Uebermuthe unterschätzte. Nun hat die Kirche Gottes während den Weltaltern, die über ihr glorreich Haupt dahingefahren, schon mit manchem Feinde es zu thun gehabt, aber sie hat alle überwunden und geworfen. Wie ließen die Kaiser des eisernen Roms alle Mittel der Welt, ihre ganze Macht im Bunde mit einer lügnerischen Sophistik, ihre Blutedikte im Bunde mit Feuer und Schwert gegen die gehaßte, geringfügige Schaar der ersten Kirche los, um den christlichen Namen, wie Diokletian und Maximin es wollten, „bis auf die letzte Spur auszutilgen!" Weil es aber dem Vater dort oben gefiel, ihr das Reich zu übergeben, darum brach mit dem Throne der Imperatoren auch das Römerreich zusammen und aus dem Dunkel der Katakomben gieng die verfolgte Kirche im Blute ihrer Bekenner und Martyrer getauft nur um so blühender und kräftiger hervor. Wie wurden von Alters her alle ihre Glaubenslehren von den Büchlein verkehrter Geister heuschreckenmäßig angefallen, ihre großen Lehrer haben mit nie erreichtem Redeschmuck und tiefer Gründlichkeit sie abgetrieben und das wunderbare Gebäude der katholischen Wissenschaft gerade an diesem Gegensatze aufgebaut! Trauervolle Trennungen rissen edle Völker von ihrer Einheit ab, aber Gott wies ihr dafür in anderen Welttheilen wieder neue Kinder an. „So trägt die Kirche," wie Augustin lehrt, „ein göttliches Princip in ihrem Wesen, welches zwar befeindet, aber nicht überwunden, verfolgt, aber nicht beseitiget, in seinen Gliedern gemartert, aber dennoch nicht getödtet werden kann; die Unsterblichkeit ist ihr schon für diese Welt vom Herren des Lebens und Todes zugesichert." Was allen Reichen dieser Welt fehlt und für jede Ordnung, wo es eintrifft, einen höheren Ursprung beurkundet, das besitzt die Kirche, jene nie versiegende Quelle des Lebens nämlich, die von Innen heraus den gestörten Lauf der Kräfte stets wieder zum Flusse bringt und sogar die äußeren Uebel, mit denen man sie vertilgen will, zu ihrer inneren Wiedergeburt zu verwenden weiß. Sie ist jenem erdgeborenen Riesen gleich, der bei jedem Falle stets neue Kräfte gewann; das Unglück führt sie zu den Tugenden ihrer ersten Kindheit und Jugend zurück; raubt man ihr die Güter dieser Welt, so weiß sie an innerer Kraft und Gnade desto reicher zu werden, verliert sie irdische Macht und Herrlichkeit, so wird sie freier und weiterwirkend für ihre welterlösende Sendung. Sie wird durch die Verfolgung nicht gemindert, sondern gemehrt, sogar die augenblicklichen Niederlagen führen sie zu dauerhaften Triumphen, oder um mit dem heil. Hilarius von Poitiers zu sprechen (De Trinit. VII. 4): „Es ist der Kirche eigen, daß sie siegt, wenn man sie befeindet, glänzend ihre Wissenschaft entwickelt, wenn die Irrlehre sie bekämpft, und neue Anhänger gewinnt, wenn entartete Kinder sie verlassen.“ Eine Macht also, die sogar aus den Uebeln, mit denen man sie erdrücken will, Vortheile für sich zu ziehen weiß, ist offenbar überaus schwer zu bekriegen. Eine kampfgeübte Königin sieht die Kirche vom hohen Söller ihres Vollwerkes herab dem Anlauf mit aller Ruhe und Zuversicht entgegen, und nahet der Feind, dann ergreift sie die Rüstung Gottes (Ephes. 6, 13), um ihm am bösen Tage zu widerstehen und in allem unerschütterlich auszuhalten. Sie umgürtet ihre Lenden mit der Wahrheit und umgiebt sich mit dem Panzer der Gerechtigkeit, vor Allem ergreift sie den Schild des Glaubens, um die feurigen Pfeile des Bösewichtes abzuhalten, zieht den Helm des Heiles an und das Schwert des Geistes, welches das Wort Gottes ist; in solcher Rüstung erwartet sie unter Gebet und Flehen den Kampf und weiß ihn mit beharrlichem Heldenmuthe stets siegreich zu bestehen. Allein unser Gegner soll nicht nur die Macht, gegen die er den Krieg erklärt hat, kennen, wir wollen ihn auch über die Heerverfassung und die Schlachtordnung dieser Macht in aller Einfalt näher belehren, da er bisher, wie jener sagenhafte Ritter, mit seiner Lanze nur gegen Nebelgestalten gestritten, die seine eigene Einbildung ihm vorgespiegelt hat.

Die katholische Kirche ist nicht das Phantasiestück, welches Dieser oder Jener aus Unkenntniß oder Bosheit sich von ihr bildet, sie ist vielmehr eine objektive Wirklichkeit, die nach Wesen und Form auf das bestimmteste vor aller Augen ausgestaltet, schon bald neunzehnhundert Jahre ihres Bestandes zählt und in allen Theilen des Erdkreises, wo sie besteht, in ihrem Glauben, ihrem Gottesdienste und ihrer Verfassung überall dieselbe ist. Wie der blühende Baum aus dem einheitlichen Grundkern, ist auch die Verfassung der Kirche aus ihrer Glaubenslehre hervorgewachsen und von jeher in ihren Hauptbestandtheilen sich immer gleich geblieben. Gleichwie der göttliche Erlöser die Jünger und Apostel und an ihrer Spitze den heiligen Petrus auserwählt und sie mit der besonderen Sendung und Vollmacht betraut hat, in seinem Namen die Lehren und Gnaden der Welterlösung allen Menschen mitzutheilen, so beruht auf der Nachfolge der Priester im Amte der ersten Jünger, auf jener der Bischöfe in der Sendung der Apostel, endlich auf der Nachfolge des römischen Papstes in dem Vorrang der Ehre und Gewalt, den Christus dem Fürstapostel Petrus übertrug, die unabänderliche Verfassung und Priesterordnung der katholischen Kirche auf dem ganzen Erdenrund. „Aus den Grundzügen der katholischen Kirchenverfassung, schreibt der protestantische Rechtslehrer Eichhorn,*) erklärt sich das Dogma (der Glaubenssatz), daß diese auf einer zweifachen Hierarchie beruhe. Der Ausdruck Hierarchie bezeichnet nicht bloß eine durch göttliche Anordnung bestehende Gewalt über die Kirche, sondern zugleich den Inbegriff der Kirchenämter, welche stufenweise einander untergeordnet sind — an der Spitze der Hierarchie der Kirchenjurisdiktion steht der Papst, auf ihn folgen außer den Patriarchen, Metropoliten u. A. die Bischöfe, die Pfarrer und die übrigen Priester." Ueber diese Hierarchie wird nun von allen Feinden der Kirche die Zornschaale unaufhörlicher Lästerung ausgegossen, allein alle diese Schmähreden über „Hierarchie" ändern die objektive Sachlage und Wahrheit nicht. Die katholische Kirchenverfassung oder Hierarchie beruht auf einem Dogma unseres Glaubens und bildet einen unzerstörbaren Haupttheil der katholischen Kirche. Weder die Gregore noch die Innozenze haben sie erfunden, sie ist so alt als die Kirche selbst. Ein Katholizismus ohne Papst, ohne Bischöfe und ohne ordinirte Priester d. i. ohne Zusammenhang mit der ununterbrochenen Linie der Erblehre und des Apostolates ist nur ein Aushängschild, um minder Unterrichtete damit zu täuschen. Die katholische Religion ist nur denkbar, mit der katholischen Kirche, wie diese hinwieder nur denkbar ist mit den Bischöfen und dem Papste, der nach Gottes Anordnung ihr sichtbares Oberhaupt auf Erden ist. Wer daher in dieser Ordnung der Kirche, die Verbindung der Organe mit dem Haupte, der Priester mit den Bischöfen sowie der Bischöfe mit dem Papst zu durch-

---

*) Grundsätze des Kirchenrechtes der katholischen und evangelischen Religion. I. 461.

brechen sucht, legt frevelhafte Hand an die katholische Religion und Kirche, und Katholiken, die sich wider diese göttliche Ord= nung erheben, haben aufgehört Katholiken zu sein. Der dürre Ast gehört nicht mehr zum Baum, auch wenn er durch Bast und Rinde noch äußerlich daran hängen bleibt und eben so wenig wird der Dornstrauch den Weinreben beigezählt, auch wenn er innert der Umfriedung des Weinberges in der kalten Schattenecke sein kümmerliches Dasein fristet.

Beleuchten wir die Heerverfassung „der streitenden Kirche" etwas näher, der große Bischof von Karthago möge uns hiefür die Worte leihen!*) „Die katholische Kirche ist nur da, wo der Bischof ist; nur der Bischof, die Geistlichkeit und Jene bilden die Kirche, welche bei der wahren Glaubenslehre verharren. Denn wie es nur Einen Gott und nur Einen Christus giebt, so kann es auch nur Eine Kirche und nur Einen Lehrstuhl geben, welchen die Stimme des Herrn über einen Felsen gegründet hat." Der Primat des römischen Papstes ist keine menschliche Erfindung, sondern göttlicher Einsetzung wie der Episkopat und überdies mit der höchsten Regierungsgewalt über die ganze Kirche betraut. Das, was die Väter des ökumenischen Konzils von Florenz (1439) lehrten, ist für alle Katholiken ein verbindender Glaubenssatz: „Wir glauben und bekennen, daß der heilige apostolische Stuhl und der römische Papst den geistlichen Primat über die ganze Welt innehabe, daß er der Nachfolger des heiligen Petrus des Fürsten der Apostel, sowie der wahre Stellvertreter Christi auf Erden, das Oberhaupt der ganzen Kirche, der Vater und Lehrer aller Christgläubigen sei, daß ihm in der Person des heiligen Petrus die Vollgewalt der Regierung über die ganze katholische Kirche von unserem Herrn Jesus Christus sei verliehen worden." Für die Katholiken ist daher der römische Papst keine „auswärtige Macht", noch ist sein Ober= hirtenamt für sie in unserem Vaterlande als „Fremdherrschaft" zu schmähen, die Katholiken verehren im Papste das geheiligte Oberhaupt der ganzen Kirche, „den Vater und Lehrer der Gläubigen," dem sie in Sachen des Glaubens und der Sitten vor Gott und dem Gewissen Gehorsam und Ergebenheit schuldig sind. Sie glauben ferner, daß der Bischof in seiner Sendung,

---

*) S. Cyprian. Ep. I. 34.

Würde und Hirtengewalt der Nachfolger der Apostel und in seinem Sprengel der Vater und oberste Lehrer der Gläubigen sei, dem nach Anordnung des heiligen Geistes allein zusteht, die Kirche Gottes zu regieren (Apostelgesch. 17), und in Verbindung mit seinen geistlichen Söhnen — den Priestern, die Heerde Christi zu lehren und zu weiden. Diese Kirchenordnung für die Katholiken zertrümmern wollen, heißt die katholische Religion und Kirche ihnen zertrümmern und die krasseste Intoleranz im Namen des Freisinnes an ihnen verüben wollen.

Die religiöse Anerkennung und Ehrfurcht, welche die katholischen St. Galler dem Papste mit voller Begeisterung und Treue auch heute noch bewahren, ist nicht eine Pilse, die erst über Nacht in diesem Lande aufgeschossen, sondern vielmehr ein farbenvolles, kräftiges Fruchtgewächs, dessen Wurzeln tief in den Garten der Vorzeit hinunterreichen. Schon die ersten Stifter der schweizerischen Eidgenossenschaft wußten es zu pflegen, und so hoch sonst ihr Herz für Freiheit und Vaterland sich hob, sie haben im Gebiete des Glaubens und der Kirche dem apostolischen Völkerhirten von Rom kindliche Liebe und Ergebenheit entboten zur unvergänglichen Urkunde für alle Welt, daß katholische Kirche und Vaterland, katholischer Glaube und bürgerliche Freiheit, Frömmigkeit und Tapferkeit, und jeder Hochsinn für das Edle und Große sich in bester Eintracht vertragen; nur die ärgste Verblendung sucht einen Pfahl zwischen Beiden einzuschlagen, um das Herz der katholischen Kirche selbst zu treffen. Ob der Widerstand, den in einigen Fällen die alten Eidgenossen den geistlichen Strafen ihrer Kirchenobern entgegenhielten, auf Recht oder Unrecht beruht, können wir hier nicht untersuchen, jedenfalls gieng er weder auf Abfall vom Glauben noch auf einen Umsturz der Kirche los, er galt der Aufrechthaltung wahrer oder vermeintlicher Rechte in bürgerlichen und kirchlichpolitischen Dingen und in Sachen über Mein und Dein und war mit Nichten eine Verläugnung des katholischen Glaubens und des dem Papste und den Bischöfen schuldigen Gehorsams im Gebiete der Glaubenslehre und Kirchendisciplin. Und nach dem Beispiele der Väter der Vorzeit wissen die St. Gallischen Katholiken mit ihren Glaubensbrüdern in und außer der Schweiz zwischen Glauben und Kirchenordnung und zwischen bürgerlicher Stellung und Rechtsame gar wohl zu unterscheiden. Sie glauben aber als

Katholiken, „daß, um mit Hieronymus zu reden,*) der Herr auf dem Felsen Petri seine Kirche gebaut hat und verehren im heiligen Stuhl von Rom den sichtbaren Mittelpunkt der katholischen Einheit. Sie wollen weder von einem abtrünnigen Meletius noch von dem aufrührerischen Paulinus etwas wissen; wer nicht zum Nachfolger Petri steht, ist außer dem Vaterhause, wer mit ihm nicht sammelt, der zerstreut." Das und nichts Anderes lehrte auch der heilige Gallus, der glorreiche Stifter unserer vaterländischen Kirche. „Der Herr," sprach er**) zum Volke seiner Zeit, „übertrug dem heiligen Petrus die Schlüsselgewalt des Himmelreiches, die Binde- und Lösegewalt und die Obsorge über seine Schafe auf Erden," und auf die Frage: „wer war der erste Papst in Rom? gab er die Antwort: der heilige Petrus." Keine andere Lehrmeinung kannte auch sein heiliger Lehrer Kolumban, der an Papst Bonifazius IV. das schöne Bekenntniß richtete: „Wir Irländer sind mit dem Lehrstuhle des heiligen Petrus verbunden. Unter uns sind weder Irrlehrer noch Abtrünnige noch Juden zu finden. Rom ist zwar groß und weltberühmt, bei uns aber ist es einzig durch jenen Lehrstuhl groß und herrlich. Von Euch (den römischen Päpsten) ist unsere Glaubenslehre ausgegangen; nicht dem Bächlein, sondern der Quelle ist die Reinheit des Wassers beizumessen. Rom, das Haupt der Welt, ist auch das Haupt der Kirchen geworden."

Die Wurzeln dieser römisch-katholischen Kirche gehen also tief hinein in das Herz des katholischen St. Galler Volkes und reichen weit zurück in den historischen Boden einer großen Vergangenheit; die rohe Hand eines Fanatikers ist nicht im Stande, sie mit so leichter Mühe auszureißen. Sie reichen bis in jene Zeiten hinab, wo noch der Rauch der Gößenopfer aus den Eichenwäldern der Germanen und Alemannen emporstieg, allgemeine Verwilderung auf der entvölkerten Gegend und finstere Trostlosigkeit wie eine dunkle Nacht drückend auf dem Gemüthe der Bewohner lag. In dieser Wüste, welche die germanische Völkerwanderung zurückließ, hat die Kirche allein den Boden für die Kultur, die Herzen der Menschen für die christliche Religion

---

*) S. Hieron. Ep. ad Damasum.
**) Serm. S. Gall.

gewonnen, und wie eine treue Mutter in der Reihenfolge der entschwundenen Jahrhunderte die Geschicke unseres Volkes in Freud und Leid getheilt, ihm mit den kostbaren Gütern der Kultur und Bildung die noch höheren des göttlichen Christenthums verliehen.

Bei Sturm und Gewitter steigen die Unken von der Schlammestiefe auf die Oberfläche, wie Figura während dieser Tage in dem „rothen Büchlein" zeigt. Der Fabler, der darin spricht, hat auch die „Versumpfung" wegzuschreien versucht, aus welcher die Kirche die heidnischen Völker zum christlichen Kulturstande emporgehoben; wir wollen um anderer guten Christen willen in Kürze zeigen, wie bodenlos sein Plaudern ist. Daß der Götzenkult in der heidnischen Welt immer scheußlicher entartete und vor, bei und auch nach dem Erscheinen Christi bis zur gräulichen Hinopferung von Menschen vertigerte, ist eine von allen Historikern zugegebene Thatsache. Noch unter Julius Cäsar fanden Menschenopfer in dem gebildeten Rom statt und sogar Augustus ließ nach seinem Siege über Antonius 400 Senatoren und Ritter auf dem Altare des vergötterten Julius abschlachten; dem Jupiter Latiaris bluteten auf dem Albanerberge bei Rom bis in das dritte Jahrhundert christlicher Zeitrechnung jährlich Menschenopfer. Nirgendwo wüthete diese gräßliche Superstition heftiger als bei den Canaiten und den Phönikischen Völkerstämmen, auch der Götzendienst der alten Deutschen (Germanen) war nicht frei von diesen Gräueln, wie uns Tacitus (Germ. 9, 38) und Agathias (Hist. I. 7) berichten. Nach dem Untergange des römischen Reiches war die antike Kultur so tief gesunken, daß die Welt im Begriffe war, auch im physischen Sinne abzusterben, geistiger Weise hatte sie sich schon längst ausgelebt. Eine gänzliche, physische wie geistige Wiedergeburt war für die übriggebliebenen Völker romanischer Zunge nöthig, für die Menschheit überhaupt unabweisbar; die germanischen Völkerstämme bewirkten die Eine, die christliche Kirche vollzog die Andere. Weder das alte immer noch fortwuchernde Heidenthum, noch das verstümmelte Christenthum des Arianismus vermochte diese Aufgabe zu lösen. Wer vollzog an allen diesen Völkern das große Werk ihrer innern Wiedergeburt, ihrer Civilisation, ihrer Einbürgerung in das Reich Gottes, nachdem die vorangegangene Völkerwanderung mit ihren Trümmern die Provinzen bedeckt und über un-

ermeßliche Länderstrecken Verwilderung und chaotische Oede ver=
breitet hatte? Die Kirche allein hat durch ihre Bischöfe und
Ordensmänner dieses große Werk vollzogen oder, wie Monta=
lembert sich ausdrückt: das römische Reich ohne die Barbaren
war ein Abgrund von Sclaverei und Fäulniß, die barbarischen
Völker ohne die Mönche der Kirche waren ein wildes Chaos,
aber beide Letztere vereint gestalteten eine neue Welt, sie heißt
die Christenheit. Wir werden schon von Tacitus belehrt,
daß auch die Gothen in ihrem Götzendienste an gewissen Tagen
Menschen opferten (Germ. 9, 38). Der Gothenkönig Radageis
gelobte vor seinem Einfall in Italien (446): er werde, wenn
er siege, das Blut der Christen seinen Göttern opfern und alle
Gefangenen dem Woban schlachten lassen. Von Menschenopfern
auch bei den Franken weiß uns Prokobius noch im Jahre 534
zu berichten. Gegen die Gräuel heidnischen Aberglaubens mußte
noch Kaiser Karl der Große in seinen fränkischen Kapitulare
(784) strafrechtliche Bestimmungen erlassen. Die Heiligen Kolum=
ban und Gallus fanden (609) unter den heidnischen Bewohnern
von Tuggen „Grausamkeit und Gottlosigkeit herrschen, neben
ihren Götzenopfern trieben sie Wahrsagerei und Zauberei und
andere abergläubische Dinge". Nur die göttliche Kraft, die
Christus seiner Kirche übergeben, vermochte die Völker aus dem
Zustande solcher „Versumpfung" zur christlichen Bildung empor=
zuheben. „Beuge das Haupt, stolzer Sikambrier," sprach Remi=
gius, der Apostel der Franken, zu Chlodwig, „verbrenne, was
du bisher angebetet und bete an, was du bisher verbrannt hast."
Und König und Volk beugten ihr Haupt und die Kirche vollzog
an ihnen die politische und religiöse Wiedergeburt.

Was wäre die Erde ohne die Sonne und was würde die
Menschheit ohne Christenthum und Kirche sein? Wie der Götzen=
dienst in der Vergötterung des Menschen und seiner Laster
gipfelte, so erreichte er in der Verthierung derselben seinen
tiefsten Gegenpunkt. Die Menschenopfer verbreiteten dämonische
Grausamkeit und Verworfenheit unter ihnen. Menschen zu er=
schlagen, um als tapfer zu gelten, die Blutsverwandten uner=
bittlich zu rächen, wurde selbst für Frauen als eine heilige Pflicht
angesehen. Des erschlagenen Feindes ausgeschnittenes Herz zu
braten und zu verzehren, mehre, hieß es, die Weisheit und aus
seinem Schädel als aus einem Pokale zu trinken, war als ein

Heilthum angesehen.*) Kinder armer Eltern, besonders die Mädchen, wurden unter den heidnischen Teutschen ohne Erbarmen dem Tode geweiht, wie diese Gräuel heute noch Indien und China beflecken. Die christliche Gotteslehre brachte das wahre Licht für den menschlichen Geist und die höhere Gnade verlieh ein neues Leben den Herzen der Menschen, machte sie für die Eindrücke der Liebe zu Gott und den Menschen empfänglich. Gegen die Blutrache schritt die Kirche mit strengen Disciplinarstrafen ein; wer mit Menschenblut sich befleckt hatte, mußte jahrelange Buße leisten, durfte in den Kirchendienst nie aufgenommen werden. Auch dem Kindermorde wurde dadurch gesteuert, daß man zufolge der Bestimmungen der damaligen Kirchen-Synoden an den Kirchenthüren Truhen zur Aufnahme solcher unglücklichen Kinder anbrachte. An den Festtagen wurden diese dann dem versammelten Volke zu freiwilliger An- und Aufnahme empfohlen, war Niemand hiefür Willens, so ließ die Kirche auf ihre Kosten sie erziehen. Man muß die Synodalbeschlüsse der merowingischen und karolingischen Zeit in Ueberlegung nehmen, um zu erkennen, welchen gewaltigen Kampf die Kirche gestritten, welche unendlichen Mühen sie verwendet, um das Heidenthum mit seinen Gräueln zu besiegen und die verwilderten Völker in die Sonnenbahn christlicher Lebensentwicklung einzuführen und auf denselben fortzuleiten. Ja, auch die Völker des Islams, insbesondere die Araber und Mauren, hatten ihre Kulturperiode. wie jene üppigen Blumengewächse des Südens, die auf fetter Basis unter dem Sonnenbrande schnell und farbenreich gedeihen und eben so schnell wieder zusammensinken. Ist es jener Kulturperiode der Araber und Mauren anders gegangen? Wie schnell war sie welk geworden und wie steht es mit ihr gegenwärtig? Und warum dies anders, als weil es ihr an der Wahrheit und jenem göttlichen Geiste gebrach, der einzig einer alternden Bildung immer neue Kräfte zu deren Verjüngung zuführen kann, wie wir es in der Kulturgeschichte der christlichen Völker wahrnehmen.

Diese hohen Verdienste der Kirche um die allseitige Wohlfahrt und Bildung der Völker und ihren entscheidenden Einfluß auf dieselben würdigend, haben die berühmtesten Dynastien im

*) J. Grimm, Gesch. der deutschen Sprache, S. 101.

oft= und weströmischen Reiche und von den Merowingern an im
großen Frankenreiche unbedingtes Wohlwollen ihr zugewendet.
Unter ihren ersten Wohlthätern und Beschützern glänzt Kaiser
Karl der Große, der *) sich „den ergebenen Beschützer der Kirche
und ihr demüthiger Helfer" nannte; sein großes Wohlwollen
für sie stützte er auf die schöne Erwägung: „welch reiche Gna=
denfülle Christus der Herr ihm und seinem Volke erwiesen habe
und wie er dafür durch gute Werke ihm seinen innigen Dank
zu bezeugen schuldig sei, damit der Herr, der sein Reich zu sol=
chem Glanz erhoben, ihn und sein Reich durch seinen mächtigen
Schutz auch immerdar erhalten wolle." Wer mit unbefangenen
Augen die Hallen der christlichen Vorzeit durchwandert, kann sie
finden, die christlichen Völker, welche die Kirche für ein edleres
und glücklicheres Leben auferzogen, — sehen die Schulen der
Wissenschaften und Künste, die sie gegründet und großgezogen,
betrachten ihre Rechtsbücher, welche die Gesetze der Staaten um=
gestaltet und veredlet, begrüßen die Spitäler und Krankenhäuser,
die sie zur Erleichterung des menschlichen Elendes gebaut und
segenreich geleitet, zählen die Millionen der Menschen hohen und
niedern Standes, die sie an ihrem Mutterherzen auferzogen, er=
leuchtet, getröstet und für den Himmel herangebildet hat. Und
die Aufgabe, die sie in der ganzen Welt zur Beseligung der
Völker so ruhmvoll vollzog, wie hat sie selbe insbesondere im
Lande des heiligen Gallus auf das vollständigste gelöst! Unser
Volk wird nie mehr glücklichere Zeiten erleben als jene waren,
die es unter dem Hirtenstabe der Fürstäbte von St. Gallen ge=
noß, die zugleich seine geistlichen Oberhirten waren. Alle Frie=
densverträge der frühern Zeit haben der katholischen Landeskirche
in erster Linie Friede und Duldung, Achtung und ungekränkten
Rechtsbestand durch öffentliche Urkunden zugesichert, sie wären
sonst nie zu Stande gekommen; auch die spätern Bundes= und
Kantonsverfassungen haben der Reihe nach und bis auf diesen
Tag sie vor Allem aus gewährleisten müssen. Kömmt nun
Einer in seinem Uebermuthe hergerannt, um diese Kirche als
eine Räuberhöhle zu beschimpfen und sie mit einem Kriege bis
zur Ausrottung zu bedrohen, so finden die Million Katholiken
in der Schweiz und vorab die St. Gallischen Katholiken für

*) Capit. Aquisgr. 789.

ihre tiefe Entrüstung über den Frevel dieser öffentlichen Beschim=
pfung und Bedrohung ihrer Kirche keinen würdigern Ausdruck
als den donnernden Schall eines allgemeinen und feierlichen
Protestes, der vom Bodensee bis an den Rhonestrand und vom
Rheinfall bis an das Stilsserjoch ertönt.

Wer das alte Pompeji besucht, sieht von der einst blühen=
den Stadt nur einen Drittheil derselben ausgegraben, kann jedoch
an den aufgedeckten Cirken, Basiliken, Theatern, öffentlichen und
Privatgebäuden, sowie an den Inschriften und entrollten Bücher=
rollen sich ein Bild von dem Leben und Treiben darin in alter
Zeit bilden; der größere Theil der Stadt liegt jedoch noch tief
unter dem Lavaschutt des Vesuvs begraben und ist für eine be=
urtheilende Betrachtung unzugänglich gemacht. So ist es der
Geschichte der katholischen Kirche ergangen! Der Feuereifer der
menschlichen Leidenschaft hat die schönsten Parthien der Kirchen=
geschichte mit haushohem Schutte überfahren, ihre glänzenden
Perioden, ihre historischen Größen und unsterblichen Verdienste
um die Menschheit mit Schmäh=Asche beworfen und bis zur Un=
kenntlichkeit entstellt. Doch die neuere Forschung hat angefangen
den aufgehäuften Schutt wegzuräumen und mit katholischen Hi=
storikern haben sich hochherzige Protestanten bei dieser verdienst=
lichen Arbeit eingefunden; allmälig erscheinen die historischen
Stellen, Parthien und Personen im Glanze der alten, ehrlichen
Wahrheit wieder. Ich will hier einige Irrthümer und Vorur=
theile solcher Art in Kürze beleuchten, sie alle und einläßlich zu
behandeln, dafür würde auch das größte Buch einen viel zu
kleinen Raum gewähren.

Wie oft wird der katholischen Kirche der Vorwurf gemacht:
sie beharre starrsinnig bei ihren alten Dogmen (Glau=
benssätzen), übe unerträglichen Geistesdruck auf ihre Gläubigen
aus, stelle ewigen Stillstand als Gesetz auf, hindere daher
jeden Fortschritt im Gebiete der Wissenschaft und des Geistes=
lebens überhaupt. Ich kann weder die neuen noch die alten Meister
der Wissenschaft alle sprechen lassen, um mit dem entscheidenden
Gewicht ihres Ansehens diesen Einwand abzuweisen; ich will zur
Ehrenrettung unserer Kirche nur Einen von der alten Schule
von Lerin aufrufen, seine glänzende Schutzrede jedoch noch mit
einigen Worten einbegleiten. Auf eine unmittelbare göttliche
Offenbarung als auf die untrügliche Wahrheit Gottes selbst stützt

unsere Kirche die Dogmen oder Glaubensjä
Gläubigen verkündet. Wenn sie nun unverä
festhält, thut dies der menschliche Geist für
in seinem Gebiete etwa minder? Aendert ɪ
Gesetze des Denkens, welche die ewige Ve:
sen einerschaffen hat, oder ist nicht deren rein|
keit gerade das oberste Criterium der Wahrhei
liche Erkenntniß? Und wird nicht auf diese
Grundgesetzen und aus den hoch über allen
stehenden Ideen alle Wissenschaft, die Math(
gebaut und fortentwickelt? Ist nicht gerade die
gleichbleiben) des Ursprünglichen im Leben de
Natur die Grundbedingung aller geordne{
und Formenmannigfaltigkeit, die son{
Chaos enden würde? Wenn selbst die Naturɪ
stimmte Grundwahrheiten der Vernunft und
gebunden ist, über welche sie nicht hinaus kan
thum anheimzufallen, können dann die dogmɪ
(Dogmen der Kirche) der Wissenschaft hindern{
ten; oder sind sie nicht vielmehr für jeden
um sich daran auf dem unsicheren Meere über
nisse zu orientiren über Fragen, welche die G
jeer Vernunft so weit übersteigen? „Man wɛ
Vinzenz von Lerin*) (434): „wenn in der
alles beim Alten bleiben muß, so ist ja kein
möglich! Allerdings ist in ihr ein Fortschritt ɪ
großer Fortschritt möglich, und wer sollte eineɪ
hindern, insofern er ein wahrer Fortschritt im G
Veränderung des Glaubens ist? Deɪ
besteht ja darin, daß jegliches Wesen aus fɪ
wickle, die Veränderung aber darin, daß Etw
stimmten zu einem ganz Andern umgestalɪ
soll wachsen und auf's eifrigste gepflegt werɪ
die Wissenschaft und Erkenntniß Aller, jedes (
gesammten Kirche nach den Stufen des Alte
hunderte, aber Jegliches nach seiner Art derǀ
Sinnesweise und der überlieferten Wahrheit

*) Vincent. Ler. Commonit.

ligion der Seelen muß die Entwicklungsweise des Kör=
pers nachahmen, welcher, obwohl er im Laufe der Jahre seine
Glieder entwickelt und ausbildet, dennoch immer derselbe bleibt,
der er war. Liegt nicht ein großer Unterschied zwischen der
Blüthe der Knabenjahre und der Reife des Greisenalters? Den=
noch wachsen ganz die Gleichen zu Greisen heran, welche einst
Jünglinge waren, so daß eine und dieselbe Natur und eine
und dieselbe Person bleibt, obgleich der Zustand und die Le=
bensweise des gleichen Menschen sich verändert hat. Klein sind
die Glieder der Säuglinge, die der Jünglinge groß. Die Glie=
der selber sind die gleichen geblieben. So viele Gelenke die
Kleinen, so viele derer haben die Erwachsenen, alle sind schon
im Embryo gelegen, so daß nichts Neues bei den Greisen zum
Vorschein kommt, was nicht schon bei dem Knaben verborgen
lag. Darin also besteht die wahre und erlaubte Regel des Fort=
schrittes, darin die ächte und herrliche Ordnung der Entwicke=
lung, daß sie bei den Größern mit dem Laufe der Jahre jene
Theile und Formen zu immer weiterer Ausbildung bringt, welche
die Weisheit des Schöpfers schon bei den Kleinen vorgebildet
hat. Würde die menschliche Gestalt später durch eine naturwid=
rige Entwickelung zum Zerrbilde verzogen, oder etwas der Zahl
ihrer Glieder entzogen, oder willkürlich beigefügt, so müßte
nothwendig der ganze Körper zerstört oder arg mißgestaltet, in
jedem Falle geschwächt werden. Die gleichen Gesetze des
Fortschrittes muß auch das Dogma (die Grundlehre) der
christlichen Religion befolgen. Dasselbe muß mit der Zeit
sich erweitern und auswachsen, jedoch immer unverletzt und
rein verbleiben und in allen Maßen seiner Theile und in
seinen eigenen Gliedern ganz und vollständig erhalten bleiben.
Darum darf es keine Veränderung zulassen, keinerlei Abbruch
an seiner Eigenthümlichkeit und keinen Wechsel seiner Lehrbe=
stimmungen dulden. Die Rosen der katholischen Lehre dürfen
nicht zu Dornen verkehrt werden; was auf dem Ackerfeld der
Kirche durch die Apostel und die Väter ist ausgesäet worden,
das und nichts Anderes soll durch den Fleiß der Söhne weiter
ausgebildet werden, das und nichts Anderes soll emporblühen und
ausreifen, fortschreiten und vollendet werden. Es ist also ganz
recht und gut, jene alten Lehrsätze der göttlichen Weisheit mit
der Zeit wissenschaftlich zu pflegen, zu verbinden und auszu=

schmücken, aber unerlaubt und unrecht wäre es, sie zu ändern zu verstümmeln oder ganz zu verwerfen. Denn hat man vor erst auch nur einen Theil davon aufgegeben, so werden alsbald noch andere angegriffen, bis endlich das Ganze verworfen wird und die Religion selbst in Gefahr steht, zertrümmert und zerstört zu werden." Obwohl nun die Kirche an der ihr anvertrauten Glaubenslehre, deren treue Hüterin sie ist, nichts ändern läßt, welche unendliche Ausbildung hat dennoch die Wissenschaft in ihr gewonnen? Wer kennt die Werke der Kirchenväter und kann ihnen seine Bewunderung versagen? Wer betrachtet die Lehrgebäude eines Thomas von Aquin, Duns Scotus und anderer Meister des verschrieenen Mittelalters, ohne sie anzustaunen? Sind die höchsten Blüthen der klassischen Literatur der christlichen Völker nicht auf dem Grundstamme der Kirche ausgebildet worden? Dante's divina comoedia steht an Großartigkeit der Fassung und gewaltiger Tiefe einzig und unerreicht da in der Literaturgeschichte aller Völker und dieses Gedicht, wie alle wahrhaft großen Poesien, verherrlichet die katholische Religion. die Gerechtigkeit Gottes, den Erlöser, die Triumphe der Kirche. Der große Dichter vollendete sein Werk in einem Kamaldulenser Kloster und starb im Gewande eines Büßers des Franziskanerordens dritter Klasse. Der große Calderon war ein durch und durch gläubiger Katholik und er strahlt mit seinen Poesien auf der Spitze der christlichen Romantik, — der katholische Glauben hat ihn nicht gehindert, sondern gehoben, zu solcher Höhe emporzusteigen, und mit ihm erscheint auch Shakespeare auf dem Goldgrunde unserer Kirche wie sein neuester Biograph Rio*) es nachgewiesen hat. Nach alledem darf man die katholische Kirche eine Mutter der Finsterniß, eine Feindin der Wissenschaft und Kunst, einen Hemmschuh aller Entwickelung und Bildung schmähen! Die Kulturgeschichte der christlichen Völker straft eine solche Schmähung Lügen. „Allein das Papstthum, die Hierarchie, das System," so hör' ich mir entgegnen, „hat ungeheuer viel Uebel gestiftet, die Tyrannei der Großen begünstigt, die Leibeigenschaft und Sclaverei der Völker gefördert."

---

*) Shakespeare von Fr. A. Rio. Aus dem Französ. von K. Zell Freiburg, bei Herder, 1864.

Ich antworte, diese Aufstellungen finden wir wohl in dem Brockhausischen Tendenz-Lexicon und andern einseitigen Geschichts-werken, aber nicht in den Zeugnissen und Thatsachen der un-partheiischen Geschichte. Hat doch gerade die Kirche die Allen gemeinsame hohe Menschenwürde Allen zum Bewußtsein gebracht und jenes Brandmal der heidnischen Nationen — die Scla-verei — in den christlichen Reichen bekämpft und ausgetilgt. Schon Papst Gregor der Große rief in die verwilderte Welt das schöne Wort hinein:*) „Weil der Schöpfer und Erlöser der Welt Mensch werden wollte, um durch die Gnade und Freiheit die Fesseln unserer Knechtschaft zu brechen, so ist es recht und wohlgethan, den Menschen, welche die Natur frei ge-boren werden ließ und die nur ein entartetes Völker-recht zu Sclaven gemacht hat, die Wohlthat der ur-sprünglichen Freiheit wieder zu schenken", und was dieser große Papst hier ausgesprochen, hat er im Longobarden-und im Franken-Reiche und in der unter ihm christlich gewor-denen Heptarchie der angelsächsischen Eroberer in Britannien durchzuführen gesucht. Englands Magna Carta — diese erste Wiege und Grundlage der jetzigen englischen Verfassung — ist zu einer Zeit (1215) errichtet worden, als die katholische Kirche dort in vollstem Glanze stand. Wir treten eilenden Schrittes vor Gregor VII. hin und lassen protestantische Historiker den großen Mann uns schildern. „Gregor," sagt unser schwei-zerischer Johannes von Müller,**) „war standhaft wie ein Held, klug wie ein Senator, eifrig wie ein Prophet, streng in seinen Sitten." „Ein Joch konnte Kaiser Heinrich IV. geben, eine Seele sollte die Christenheit haben. Kriegsgewalt unterdrückte die Völker, Gesetze und Gefühle, allein ein alter Priester (Gott wollte es so), ein alter, kranker, flüchtiger, verfolgter Papst, ohne Eisen, ohne Geld, ohne Land, gewaltig nur durch Seelenkraft, wurde Herr der Herzen und Entschlüsse aller abendländischen Völker. Allen gab er seine Seele, alsdann sprach er zu den Königen: bis hieher sollt ihr herrschen.***) Gregor war der Mann seiner Zeit; er gab der zerstreuten Geistlichkeit ein Band,

---

*) S. Greg. M. Epist. II. 17.
**) Joh. v. Müller, Reisen der Päpste.
***) Weltgesch. XV. 12.

er erleichterte das Joch, das die alten Franken auf die
deutschen Provinzen gelegt. Gregor, Alexander, Innocenz erhoben einen Damm wider einen Strom, der dem Erdboden
drohete. Hier bauten ihre Vaterhände die Hierarchie und
neben ihr die Freiheit aller Staaten. Ohne Hierarchie
hätte Europa keine Gesellschaft; von nun an war eine Frei=
stätte gegen den Zorn der Potentaten im Altare aufgestellt
und eine Freistätte wider Mißbrauch geistlicher Gewalt im
Throne, und in diesem Gleichgewichte lag öffentliches Wohl.“
„Ohne die Hierarchie,“ schreibt Herder,*) „wäre Europa
wahrscheinlich ein Raub der Despoten, ein Schauplatz ewiger
Zwietracht oder wohl gar eine mongolische Wüste geworden.“
Der frühere Minister Guizot, gleichfalls Protestant, bekennt un=
umwunden:**) „Ein gerechter und ehrenwerther Grund be=
stimmte die Kirche, die allgemeine Leitung der Welt in jenem
Jahrhundert zu übernehmen; die weltlichen Regierungen waren
auf furchtbare Weise versunken, Gewalt und Ungerechtigkeit waren
ihr Gesetz, sie selbst bildeten ein unlenksames Räuberwesen. Der
unaufhörliche Nothruf der Völker drängte die Kirche, die Stelle
jener einzunehmen, und sie war bemüht, den Herrschern der
Welt mildere Gefühle und den Schwächern gegenüber mehr
Sinn für Gerechtigkeit einzuflößen.“ So urtheilen protestan=
tische Geschichtschreiber, unter denen ich die — Heeren, Raumer,
Luden, Voit, Gfrörer u. A. der Kürze wegen übergehen muß.
Auf ihrer schweren Wanderung durch die Stürme der
Zeiten war die Kirche freilich nicht von Engeln, sondern von
Menschen verwaltet und trugen diese auch hohe Würden und
Sendungen, so konnten Einzelne nach der Schwäche und Freiheit
der menschlichen Natur wohl auch in tiefe Irrung sinken, was
geweisen aber die Abnormitäten gegen die Norm, was die Fehler
der Menschen gegen die Kirche? Hält man ihr ungerecht die
Verfolgungen der „Albigenser“ vor, so erinnern wir an die
grausame Extinktion der Katholiken und ihrer Kirche in England
und Irland; neckt man uns mit „spanischer Inquisition“,
so bedauern wir die Opfer, aber weisen die Verantwortung da=
für dem empörerischen Mauren= und Judenthum und den spani=

---

*) Ideen zur Philos. u. s. w.
**) Vorlesungen über Kathol. und Protest.

schen Königen zu; auf den Ruf „Bartholomäusnacht", antworten
wir mit den Gräueln der Hugenotten in der Provençe und mit
der „Michelade" von Nimes! Allein können derlei Controversen
die Wissenschaft fördern, die Menschen veredlen, dem konfessio=
nellen Frieden nützen? Wozu also in den Gräbern menschlicher
Verirrungen wühlen, um die Kirche mit Moderstaub zu be=
werfen, während sie ein so unendliches Feld herrlicher Beispiele,
Thaten, Errungenschaften darbietet, die verwerthet werden könnten,
um die Menschen zu bessern, zu veredlen und zu erbauen?
Setzen wir den schlimmsten Fall, es wäre Alles wahr, was
leidenschaftliche Geschichtschreiber durch Entstellung und Erdich=
tung über Päpste, kirchliche Personen, Zustände und Anstalten
in die Geschichte hineingelegt haben, ist selbst dann diese Nacht=
seite, ferne davon ein Beweis gegen die Kirche zu sein, nicht
vielmehr eine negative Beurkundung der Wahrheit, daß eine höhere
Kraft mitten in den Erschütterungen der Zeiten sie müsse gehalten
haben, da sie zuweilen von so schwachen und gebrochenen Kräften
da und dort getragen wurde, und dennoch nicht zusammenstürzte?
Man vernichtet die Wissenschaft nicht, weil Thoren sie zu Irr=
thümern mißbrauchen, man zerstört das Leben nicht, wenn seine
Kräfte oder Organe in der Krankheit abnormal wirken, und
eben so wenig heben die Staatsrechtslehrer den Gerichtsstand
auf, weil unter die vielen gerechten Richter zuweilen auch ein
gewissenloser Richter sich einzuschleichen weiß. Zweihundertacht=
undfünfzig Päpste haben der Reihe nach im Laufe von über
achtzehnhundert Jahren sich auf dem Stuhle Petri abgelöst; nur
Wenige von diesen verdunkelten durch eigene Schuld den Glanz
ihrer hohen Würde; weder das Papstthum noch die Kirche kann
dafür vor einem gerechten Urtheile verantwortlich sein. Dagegen
haben siebenundzwanzig Päpste den Glauben und ihre Hirten=
treue mit dem Martyrtod besiegelt, siebenundsiebenzig von
ihnen auf dem Wege hoher Vollkommenheit die Palme der Hei=
ligen errungen und alle Anderen durch Weisheit und Gerechtig=
keit, durch hinopfernde Liebe und weltumfassende Wirksamkeit
während dieser langen Zeit die Kirche Christi verherrlicht. Die
dunklen Züge der Wenigen verschwinden in dem Lichtäther der
hohen Tugenden, der unsterblichen Verdienste, der unvergleichlichen
Vorzüge des Geistes aller Andern. Kein Herrscherhaus dieser
Erde kann sich einer so langen Dauer rühmen, kein Thron der

Welt ist mit der Glorie eines so welthistorischen Ruhms um=
strahlt; weder eine Dynastie noch eine Nation weiß diese Zahl
von Männern erster Größe aufzuweisen, die gar oft im niederen
Stande geboren, zu dieser hohen Stellung durch ihre Talente
und Verdienste sich emporgeschwungen haben.

Wohl sind an dem hohen Dome der katholischen Kirche die
Wogen der Zeiten nicht spurlos vorübergerauscht, ohne an seinen
Seiten auch Schlamm und Unrath, die Schwächen und Ver=
schuldungen der Menschen abzulagern, allein darum leuchtet den=
noch das Gotteshaus selber im Strahlenglanze einer nie mehr
untergehenden Sonne, immer waltet Gottes Geist mit dem Lichte
der Wahrheit und der Wärme der Gnade in seiner Mitte, immer
fließen in ungetrübter Reinheit und ungeschwächter Kraft von
ihr aus die Quellen der Welterlösung zur Erneuerung aller
Glieder der gläubigen Menschheit über die Welt dahin und alle
Tage geht die göttliche Verheißung durch den wunderbaren Bei=
stand Gottes an ihr in Erfüllung: daß die Pforten der
Hölle, so gewaltig auch ihr Anstürmen sein mag, sie nie=
mals überwältigen werden. Diese vielgeschmähte und
gehaßte Kirche ist in der fortschreitenden Zerbröckelung aller
Basen gesetzlicher Ordnung und Autorität die noch einzige starke
Grundsäule des öffentlichen Rechtszustandes, in dem beklagens=
werthen Abfall der Wissenschaft und Kunst von den Höhen der
Ideen in die Untiefen der Materie die treue Mutter und Amme
wahrer Wissenschaft und Kunstentwicklung, im zunehmenden Irr=
saal und Elend dieser Welt für Millionen die nie müde Spen=
derin einer unerschöpflichen Kräftigung und Tröstung. Und
gegen diese alma mater der christlichen Religion, Wissenschaft
und Kunst, der Völkerkultur und aller großen Bestrebungen,
welche die Geschichte der Menschheit verherrlichet haben und deren
Leben noch immer kräftigen und erhöhen, unterfangen sich unsere
Tagesblätter extremster Richtung, vor allem aber „die St. Galler
Zeitung" fort und fort die Ergüsse ihrer zügellosen Leidenschaft
zu richten. Nichts ist an ihr so heilig, so erhaben, so ehr=
würdig, das sie nicht von seiner Stelle herunterreißen und unter
ihren Fußtritten zu mißhandeln wagen. Vermessen werden die
obersten Geheimnisse des Christenthums und unseres Glaubens
weggespottet und als Priesterbetrug erklärt, der heilige Vater
wird beschimpft, die Bischöfe werden geschmäht, die Priester und

kirchliche Anstalten auf unverantwortliche Weise angeschwärzt und ausgehöhnt. Man brandmarkt die Autoritäten der Kirche und die katholische Geistlichkeit als Feinde der Menschheit, welche die Verdummung und Knechtung des Volkes zur Lebensaufgabe sich gewählt, die ganze Kirche ist in ihren Augen eine Rüstkammer stupiden Aberglaubens, ihre Gesetze und religiösen Gebräuche sind Ausgeburten finsterer Zeiten, und wie die Ereignisse der Gegen= wart vielfach gefälscht werden, so die Geschichte der Vorzeit, um die Kirche und Geistlichkeit der Verachtung und dem Hasse Aller auszuliefern.

Wir fragen die evangelischen Mitbürger: was sie fühlen, was sie thun würden, wenn gegen ihre Confession, kirchliche Behörde und Geistlichkeit, ich sage nicht ein Gleiches, sondern nur der hun= dertste Theil von diesen Insulten, Lügen und Beschimpfungen wäre gewagt worden? Da aber an dieser schweren Schuld einige Män= ner, die den Namen von Katholiken noch tragen, zu ihrem eigenen Unglück wesentlich sich betheiligt haben, so legt ein großer Kirchen= lehrer der frühesten Vorzeit das Urtheil über sie mir mit den Worten in den Mund:*) „Es ist wahrlich keine Ehre, wenn man seine eigene Mutter schmäht, viel weniger wird es ihnen Segen bringen, wenn sie ihre Hand gegen die Mutter erheben und diejenige verleumden, der sie ihr geistiges Leben und das Erbe der Erlösung zu verdanken haben." Ich aber lege als Bischof dieser Landeskirche des heiligen Gallus vor Gott, der alle Dinge weiß, vor dem Angesichte der ganzen katholischen Kirche und vor der beurtheilenden Welt meinen feierlichen Protest gegen alle die Mißhandlungen ein, welche unsere heilige Religion und Kirche in ihren Autoritäten, Priestern und Gläubigen, in ihren Glaubenslehren und Geheimnissen von dem bezeichneten Blatte und anderen feindlichen Blättern schon so lange zu er= dulden hatte und bitte aus der Tiefe meines Herzens zu dem= selben allmächtigen Gott, daß er die Urheber dieses Krieges entweder durch seine alles vermögende Gnade bessern, ihnen ge= rechtere und friedlichere Gesinnungen einflößen, oder, wenn sie in diesem Thun und Treiben verharren sollten, durch das Mittel seiner Heimsuchungen ihre Anschläge vereiteln wolle.

Inzwischen haben auf mein erstes Wort die St. Gallischen

---

*) S. Cypr. Epist. I. 40.

Katholiken sich um ihren Bischof geschaart, in ihren Kirchgemeinden sich mit einmüthiger Begeisterung dieser Verwahrung angeschlossen und zu meinem hohen Troste den alten Ruhm ihrer katholischen Treue und Glaubenseinigkeit auf ein Neues glänzend bewährt. Hervorgerufen durch schreiende Unbilden stehen sie einig da zur Abwehr des ihrer Kirche angedrohten Krieges. Weder gegen ihre protestantischen Mitbrüder, noch gegen die politische Freisinnigkeit sind diese ihre Kundgebungen gerichtet, sie treten mit gesetzlichen Mitteln zum Schutze der bedrohten Ordnung im Staate eben so gut, als zur Vertheidigung der Ehre und des bedrohten Rechtsbestandes ihrer Kirche ein. In den Adressen, die von den katholischen Kirchgemeinden bisanhin an mich eingegangen sind, weht derselbe ernste Geist, dieselbe entschiedene Gesinnung. Für alle Anderen mögen die Zuschriften von Tablat und von Altstätten hievon Zeugniß geben! „Mit tiefstem Bedauern," meldet die erste,*) „mußten die Katholiken des Kantons St. Gallen in den letzten Tagen Zeuge sein von all den unerhörten und schändlichen Angriffen, welche von einer verkommenen Presse gegen die katholische Kirche in ihrem inneren und äußeren Leben, in ihren Lehren, Sakramenten und besonders gegen ihre Diener gemacht wurden. Wir bedauern dieses einmal als treue Bürger unseres Vaterlandes im Bewußtsein, daß jeglicher Angriff auf die Religion auch ein solcher auf die Wohlfahrt des Staates ist, wie auch seit je Glaubenslosigkeit und Umkehr der bürgerlichen Ordnung Hand in Hand gegangen sind. Wir verabscheuen die gemachten Angriffe, weil sie ganz besonders der katholischen Kirche gelten, — jener Kirche, die wir ehren und hochachten, weil sie ihr göttliches Creditiv durch den Zeitraum von bald 2000 Jahren als Trägerin der Kultur und des Völkerglückes in den Blättern der Geschichte niedergelegt hat. Wir weisen die Angriffe mit Entrüstung ab, weil sie gegen jene Kirche gerichtet sind, welche die Liebe unserer Herzen im vollsten Grade besitzt, weil sie uns mit Gnaden überhäuft, in Liebe führt und die beseligende Wahrheit verkündet — ununterbrochen bis zu jenem Augenblicke, in welchem auch unsere Seele den ernsten Gang in die Ewigkeit zu wagen hat. Wir verehren und lieben somit diese Kirche als das höchste Glück unseres zeitlichen Lebens

---

*) Zuschrift der Katholiken von Tablat dd. 13. Dez. 1868.

und als die untrüglichste Hoffnung für das ewige. — Diese unsere Kirche ist aber auch durch die Bundes- und Kantonsver= fassung in ihrem Bestande gewährleistet und anerkannt, ein Grund mehr, ihre Verläumdung zu beklagen und zurückzuweisen. So charakterisirt sich der jüngste Angriff auf unsere Kirche als ein Angriff auf die ewige Wahrheit und Gnade, auf die wahre Freiheit und auf das bürgerliche Gesetz, auf den ganzen hohen Episkopat, wie auf jeden einzelnen Katholiken. Doch mag auch das, was uns für Leben und Sterben, für Glaube und Liebe, für die ganze menschliche Gesellschaft, wie für den Einzelnen das theuerste und höchste Gut ist, angegriffen werden, wir wissen ja, daß gerade darin der göttliche Geleitsbrief für unsere Kirche ge= boten ist, die, menschlicher Weise schwach, durch Gottes Kraft zum Siege kommt. Die Zeiten der Verfolgungen der Kirche sind aber auch Zeiten der erhöhten Pflichtenforderungen an ihre Gläubigen. Deshalb kommen auch wir, um wenigstens einen Theil dieser Pflicht abzutragen, zu Ihnen, Tit. Herr Bischof, als zu demjenigen, der in Kraft und Ansehen des Apostolates in unserer Mitte steht. Wir danken Ihnen für Ihre muthvolle Abwehr der ungerechten Befehdung wie treue Söhne ihrem Vater danken, der sie in Gefahr beschützt und in der Betrübniß getröstet hat. Wir bringen Ihnen hiemit die Versicherung der aufrichtigsten Verehrung und der erneuerten Liebe unserer Herzen dar. Wo Sie sind, da werden Sie auch uns finden. Zählen Sie auf uns, wo es gilt, für die Kirche einzustehen und mit unserem jetzt freilich schwachen Gebete Hilfe und Gnade von oben zu erflehen für Sie und unsere Landeskirche, dann aber auch besonders für unseren hochverehrten heiligen Vater, Papst Pius IX., dem heutzutage nicht allein mehr der kindliche Glaube, sondern ganz besonders ‚das Kreuz' die Herzen aller Katholiken des Erdkreises entgegenträgt."

Die Kirchgemeinde von Altstätten im Rheinthal *) ließ sich also vernehmen: „Obwohl nach den Erfahrungen der vergange= nen Jahrhunderte Niemand mehr im Ungewissen darüber sein kann, daß ein untilgbarer Haß den Geist der Finsterniß antreibt, fort und fort gegen die von Christus zu unserer Beglückung und Beseligung gestiftete Kirche anzustürmen, so ist es doch eine un=

*) Zuschrift der Kirchengem. Altstätten 27. Dez. 1868.

erhörte Erscheinung, daß sich die Presse in einem Lande, dessen
Volk sich in seiner Mehrheit zur katholischen Kirche bekennt, zur
Aufgabe machen kann, im ununterbrochenen Kampfe gegen eben
diese Kirche und deren Gläubigen zu verharren, dieselbe Tag
für Tag zu verunglimpfen, herabzuwürdigen, ja förmlich zu be=
schimpfen, wie die St. Galler Zeitung in No. 269 gethan, wo=
rin sie die verläumberische Aussage wagte: ‚daß die katholische
Kirche mit dem Räuberwesen unter einer Decke stecke.‘ Solche
Verunglimpfung und Beschimpfung muß jeden Selbstdenkenden
tief in der Seele schmerzen. Kein Wunder, wenn die ganze
kathol. Bevölkerung mit größter Entrüstung gegen eine so un=
gerechte Verfolgung erfüllt ist. Um so wohlthuender war es
daher für alle Angehörigen Ihrer Diözese, Tit. Herr Bischof,
zu vernehmen, wie Sie als unser Seelenhirt Ihre apostolische
Stimme gegen ein solches Unterfangen erhoben und gleich den
Apologeten der ersten Jahrhunderte mannhaft und entschieden
für die Ehre der Kirche aufgetreten sind. Dadurch, daß Sie
jene Ausfälle unwiderlegbar zurückgewiesen, bei der Landesregie=
rung Klage erhoben und für unsere, zwar verfassungsmäßig ga=
rantirte, gleichwohl aber unaufhörlich angegriffene Kirche, den
Schutz des Gesetzes angerufen, haben Sie einem allgemeinen
Volksgefühle den entsprechenden Ausdruck gegeben und dafür den
Dank aller Redlichdenkenden erworben. — Wie andere Gemein=
den Ihrer Diözese fühlen auch wir uns gedrungen, Ihnen hie=
für unsere tiefgefühlte Anerkennung auszusprechen. Seien Sie
überzeugt, daß Ihnen die Katholiken Altstättens in guten und
bösen Tagen treu und kräftig zur Seite stehen werden, wie es
Ihr männliches Einstehen für die Rechte, die Freiheit und die
Ehre der Kirche verdient. Zwar wissen wir wohl, daß Sie an
der Spitze und mit dem Beistande der so einigen, würdigen und
treu ergebenen Geistlichkeit Ihrer Diözese (wir schätzen uns glück=
lich dies sagen zu können) auch ohne solche Zustimmungsadressen
den Kampf gegen Unrecht und Verfolgung führen werden.
Allein nach unserem Dafürhalten ist es nicht mehr zu früh, daß
sich auch das Volk mit eben derselben Entschiedenheit ausspreche
und öffentlichen Protest gegen solche Mißhandlung der Kirche
einlege, damit Jedermann wisse, daß im Bisthum St.
Gallen die Heerde treu zu ihrem Hirten steht, und
daß Jeder, der den Hirten angreift, den Kampf mit der Ge=

sammtheit der katholischen Bevölkerung aufzunehmen hat. Solch vereintes Ringen nach ehrenhafter Rechtsstellung kann unmöglich ohne Erfolg bleiben und, was wir nicht vermögen, wird dann bei redlichem Schaffen und Wirken Derjenige vollführen, welcher gesprochen hat: „Ich bleibe allezeit bei Euch bis an das Ende der Welt;" „Du bist ein Fels, auf diesen will ich meine Kirche bauen und die Pforten der Hölle werden sie nicht überwältigen." Hochwürdigster Herr! Unsere heute außerordentlicher Weise ab=gehaltene Kirchgenossenversammlung hat einhellig uns beauftragt, Ihnen diese Zeilen als einen wenn auch schwachen Ausdruck unserer Theilnahme, unseres Dankes, unserer Hochachtung und Huldigung zu überreichen."

Das sind die Gesinnungen, welche die St. Gallischen Ka=tholiken in ihren Kirchgenossenversammlungen mit Einmuth aus=gesprochen haben; sie lassen weder durch Schmählibelle noch durch Drohungen sich darin beirren. Unentwegt auf dem gesetzlichen Boden stehend werden sie an der Hand der Verfassung und Gesetze mit aller Beharrlichkeit und Ausdauer für ihre Religion und Kirche öffentliche Achtung und staatlichen Schutz gegen alle Schmähungen und Mißhandlungen fordern, und sie kämpfen mit gesetzlichen Waffen für die gerechteste Sache von der Welt, da sie nichts anderes als Frieden und Toleranz für ihre Kirche verlangen. Welch schweren Verirrungen die kirchenfeindliche Presse sich ergeben, haben diese meine Gedenkblätter wohl zur Genüge nachgewiesen; an die Seelsorger, meine Mitarbeiter im Wein=berge des Herrn, an die weltlichen Vorgesetzten und Familienväter der von Gott mir anvertrauten Heerde ergeht noch meine Bitte. Mögen sie wachen und Allem aufbieten, daß keine verderb=lichen Zeitungen und Schriften in den christlichen Familien Eingang finden! Welche Verwüstungen richten sie unter Groß und Klein, Eltern, Kindern, Hausgenossen und Freunden an, denen sie in die Hände fallen, und die nicht im Stande sind, den Knäuel der Entstellungen, Täuschungen, Lügen zu entwir=ren und ihnen gegenüber den Thatbestand, die Wirklichkeit, die Wahrheit festzustellen. Daher müssen sie ja nothwendig von der Verführung immer mehr umstrickt werden, allmählig die gläu=bige Gesinnung, die Freude eines religiösen und christlichen Le=bens, den Trost, den die Frömmigkeit verleiht, verlieren. Für Katholiken ist es eine Pflicht der Ehre und des Gewissens,

Blätter der beschriebenen Sorte in ihren Häusern nicht zu dulden. Wahrlich ist derjenige kein treuer, ehrenhafter Sohn, der sich einen Menschen zum Hausfreund wählt, welcher ununterbrochen die alten ehrwürdigen Eltern, Vater und Mutter beschimpft und den Geschwistern Stricke zum Falle legt. Wäre er ein treuer Sohn, so würde er einem solchen Gesellen die Thüre weisen und um der Liebe zu seinen Eltern willen jede Verbindung mit ihm abbrechen. Wie kann nun der Katholik es mit seinem Gewissen und Ehrgefühl vereinbaren, wenn er Zeitungen in seinem Hause hält und sie mit seinem guten Gelde noch unterstützt, die es sich zur unseligen Aufgabe stellen, statt nützliche und erhebende Kennt= nisse zu verbreiten, unsere heilige Religion und Kirche an einem fort an den Pranger zu stellen, sie auszuhöhnen und den ver= werflichen Samen der Rohheit und des Unglaubens auszustreuen? Zum Haus hinaus mit einem solchen Feind, er hat die Gast= freundschaft verwirkt, sonst wird er bei längerem Aufenthalte unabwendbar den Hausgenossen Verderben bringen!

Zum Schlusse eilend schulde ich den Mitbürgern evange= lischer Confession noch ein Wort, die hohe Achtung, die ich für sie hege, drängt mich, es bei diesem Anlaß auszusprechen. Wenn auch im religiösen Glauben von ihnen geschieden, sind wir dennoch einig in der Liebe zu einander und zu unserem ge= meinsamen christlichen Vaterlande. Unser Glaube legt uns die Pflicht auf, den von uns in religiösen Ueberzeugungen getrenn= ten Brüdern ein aufrichtiges Wohlwollen zu bewahren, sie zu lieben und zwar nach Christi Lehre wie uns selbst. „Mit ihnen dasselbe schöne Land bewohnend," schreiben die Katholiken von Bütschwyl,*) „und im täglichen Verkehre mit ihnen stehend, wün= schen wir in aufrichtiger Bruderliebe, gegenseitiger Hilfeleistung und wahrer christlicher Toleranz mit ihnen zu leben und ein= trächtig und mit vereinten Kräften alles Gute im Staatsleben zu fördern und die materiellen Lasten des bürgerlichen Gemein= wesens zu tragen. Wird nun aber unsere Kirche, der wir mit vollster Ueberzeugung angehören und deren Lehren, Geboten, Gottesdienst wir frei, ungehindert und ungetrübt selbst zu be= kennen, zu beobachten und zu feiern, sowie darin auch unsere Kinder durch Kirche und Schule zu erziehen und zu unterrich=

---

*) Adresse vom 3. Januar 1869.

ten angelegentlichst wünschen, — durch Verleumdung in den
Augen unserer evangelischen Mitbürger, verdächtiget und erniedri=
get, so müssen solche Angriffe unser friedliches Zusammenleben
und Wirken einerseits stören und andererseits das Bekenntniß und
die Uebung unseres Glaubens herabwürdigen und erschweren, den
wir frei und unbehindert zu bekennen und zu üben verlangen."
Diese Gesinnungen theilen alle anderen katholischen Bürger un=
seres Landes und der ganzen Schweiz; sie bieten zur Erhaltung
des konfessionellen Friedens gerne ihre Hand. Sie dürfen aber
auch fordern und werden beharrlich es fordern, daß man sie
mit ihrem religiösen Glauben achtungsvoll und gerecht im
öffentlichen Leben behandle, und wahrlich eine so billige und
gerechte Forderung wird und muß bei allen rechtlich denkenden
Protestanten Anklang und wohlwollendes Entgegenkommen fin=
den. Ich schließe mit einem Worte des Herrn Bischofs von
Mainz:*) „Wir wollen Niemanden kränken, Niemanden unge=
recht behandeln, wir wollen aber auch eben so gewiß nicht län=
ger dulden, daß man uns Katholiken angeblich tolerirt, uns
aber nur dann tolerirt, wenn wir aufgehört haben, katholisch
zu sein. Wir wollen selbst mit unserem Namen nicht länger
ein Lügenspiel treiben lassen, indem man Achtung dem Katholi=
zismus vorgiebt, und zu gleicher Zeit Alles, was, so lange die
Kirche besteht, katholisch genannt worden ist, unter dem Namen
von Jesuitismus und Ultramontanismus mit Füßen tritt. Ich
frage noch einmal, ob nicht Jeder, der noch einen Funken von
Ehre und Gerechtigkeit in sich trägt, uns zustimmen, uns bei
diesem Bestreben unterstützen muß. Frieden unter den Confessio=
nen auf dem Boden der vollen Parität, strenger Gerechtigkeit
und wahrer Duldung, sonst lieber Kampf, Verfolgung und
Martyrium — das muß die Parole aller Katholiken sein."
Faxit Deus!

St. Gallen, Ende Dezember 1868.

---

*) Die öffentliche Beschimpfung der kathol. Kirche auf der Bühne,
Mainz 1868.